NoBank

se prolonge sur le site www.arenes.fr

Éditions des Arènes
27, rue Jacob, 75006 Paris
Tél. : 01 42 17 47 80
arenes@arenes.fr

HUGUES LE BRET

NO BANK

L'INCROYABLE HISTOIRE D'UN ENTREPRENEUR DE BANLIEUE QUI VEUT RÉVOLUTIONNER LA BANQUE

LES ARÈNES

À Sakina

– Qu'aimes-tu faire ?

– J'aime écrire.

Un jour, alors que j'étais au milieu du désert, mon éditeur m'a posé cette question. Mon premier livre avait été un succès, mais je n'avais pas de second manuscrit sous le coude. Ma réponse a allumé un éclair de curiosité sur son visage.

– C'est une bonne idée. Tu connais le monde des affaires de l'intérieur, après ces années passées au comité exécutif de la Société générale et à la tête de Boursorama. Tu sais rendre accessibles et humains des sujets complexes. Les livres sur l'économie sont écrits par des journalistes ou des économistes. Il y manque la dimension de celui qui a vécu au cœur du système.

Un silence s'installe. Je me perds dans mes pensées. Je le regarde droit dans les yeux.

– Mais d'abord, je vais lancer NoBank. Une banque pour tous, sans conditions de revenus ou de patrimoine, où personne ne sera jugé ni taxé. Une banque où tu ouvriras ton compte chez un buraliste en cinq minutes, sans que l'on ne te déshabille avec un tas de questions humiliantes.

Ma réponse le surprend. Un petit mouvement de bouche, un début de grimace qui entraîne ses narines qu'il tente aussitôt de transformer en sourire. Il espérait un autre projet de livre.

– Mais après, je me consacrerai à l'écriture. Elle seule est capable de m'aspirer.

– Mais encore ?

– Quand j'écris, je suis envoûté au point de traverser les journées sans notion de temps.

– Alors pourquoi ne pas aller tout de suite vers ce qui t'attire le plus ?

– Il faut créer des expériences. Avant de les raconter, je dois les vivre. Je ne suis pas capable de décrire d'autres mondes que ceux que je traverse.

Mon éditeur s'appelle Laurent. Il a créé sa maison, Les Arènes, après que son ancien employeur a refusé de publier un ouvrage sur les liaisons dangereuses entre la France et l'Iran dans le nucléaire. Il n'a pas accepté la censure. Il a démissionné. Aujourd'hui, Laurent est un homme libre.

SANCTION

Alger Plage, juillet 1973.

Heddi Boulanouar s'affaire dans sa villa de bord de mer située à vingt kilomètres du centre-ville, sous le regard de Sakina, sa femme, de ses deux petites filles et de sa belle-sœur Malika, que le couple a recueillie six ans auparavant. La famille est assez aisée. Les Boulanouar emploient un jardinier, une femme de ménage et un cuisinier.

Sakina porte dans les bras la toute petite Miriam et tient par la main leur fille aînée, Samira, 5 ans. Elle est enceinte du troisième. Elle a l'habitude d'être en retrait. Elle vient d'une famille de neuf enfants, originaire d'un bled nommé El-Maïn, en Petite Kabylie. Un village « ravitaillé par les corbeaux », comme on dit là-bas, oublié du monde. Un village où les femmes n'ont d'autre droit que celui d'être soumise à la volonté du père, puis du mari. Un village où l'on marie les petites filles à 14 ans. Un village fui par Malika pour éviter les coups infligés par son père.

Ce jour de juillet écrasé de soleil, Heddi creuse les talons compensés de deux paires de chaussures que porteront Sakina et Malika pour passer la douane. Il regarde par la fenêtre. Personne. Il prend les dinars qu'il lui reste, l'équivalent de 1500 nouveaux francs *, les plie minutieusement et les tasse à l'intérieur des talons. Une fois l'argent bien réparti, il recolle les semelles. Une société de déménagement a déjà enlevé tous les meubles pour les charger sur le bateau de Toulon. Des amis coopérants français ont fait mine de les acheter pour faciliter les contrôles. Les deux femmes se chaussent. Heddi jette un œil sur les passeports. Les billets d'avion sont bien dans sa poche. Il vérifie plusieurs fois.

Heddi a été un fervent soutien du FLN, le Front de libération nationale qui a mené la guerre d'indépendance. En 1962, il n'a pas hésité à choisir la nationalité algérienne alors que ses études en France lui permettaient facilement d'opter pour la nationalité française. Mais trois ans plus tard, le président régulièrement élu, Ahmed Ben Bella, est renversé. Depuis, la révolution promise a fait place à un régime autoritaire.

* L'équivalent de deux mois de salaire minimum de l'époque.

Heddi se rappelle avec amertume du coup d'État de Boumédiène, le 19 juin 1965. À l'époque, le cinéaste Costa-Gavras était en plein tournage du film *Z*, sur la dictature des colonels en Grèce. Dans les rues d'Alger, des chars et des comédiens habillés en militaires faisaient office de figurants. Heddi était alors journaliste politique et culturel pour Radiodiffusion Télévision Algérienne (RTA), Sakina était dactylo au même endroit. Heddi parlait notamment au micro de Radio Culture et de Radio Algérie Internationale.

Les putschistes se sont servis du tournage de Costa-Gavras. L'armée, la vraie, s'est mêlée aux faux chars et aux faux uniformes de cinéma. Les putschistes ont profité de l'événement pour investir les rues et tous les lieux stratégiques, notamment les médias. À la manœuvre, le ministre de la Défense, Houari Boumédiène.

Ironie du sort, *Z* est un réquisitoire contre la dictature inspirée par l'assassinat du député grec Grigoris Lambrakis en 1963, à Thessalonique. Le journaliste Vassilis Vassilikos en commet le roman éponyme, qui sert de base au scénario. Le film se situe dans un pays du Bassin méditerranéen au milieu des années 1960. Yves Montand, député progressiste, lutte contre les dérives totalitaires du régime. Il meurt dans un accident tragique. Jean-Louis Trintignant, juge d'instruction, dévoile l'implication directe de l'armée et du pouvoir dans ce qui se révèle être un assassinat. Il dénoue un vaste réseau de complicités.

À la radio, les équipes travaillent au rythme des trois-huit. Les « brigades » de collaborateurs se remplacent les unes les autres, 24 heures sur 24. Heddi et Sakina arrivent à 5 heures du matin pour prendre leur tour. Les putschistes les laissent entrer. Les journalistes sont rassemblés à l'antenne, on leur demande de lire des déclarations à la gloire du nouveau régime. Heddi refuse, il a opté pour la démocratie, pas pour une dictature militaire. Il ne se couche pas. Il n'accepte pas de se faire voler « sa » révolution.

Il est le seul.

Boumédiène prend la tête du gouvernement et du Conseil de la révolution nouvellement formé. Les fonctions régaliennes sont investies par l'armée. Les nouveaux dirigeants sont favorables au non-alignement et à l'unité des pays arabes et africains. Le monde impérialiste est dans le collimateur.

Heddi est immédiatement blacklisté. On lui crée de nombreux ennuis au bureau, il n'a plus droit au micro. Puis il est poussé à la démission. Sakina aussi.

Grâce à un ami bien placé au ministère de l'Information, Heddi trouve quelques semaines plus tard une place comme responsable d'une société d'édition, l'Entreprise Algérienne de Presse (ENAP), mais il ne peut plus écrire. Il s'occupe de la diffusion. Sakina devient intérimaire pour des sociétés américaines.

En 1969, Alger accueille le PANAF, le premier Festival culturel panafricain. L'Algérie souhaite intensifier ses relations avec la république du Congo, le Mali, la Guinée, la République arabe unie, mais aussi la Côte d'Ivoire et tous les pays du Maghreb. Le changement de régime en Libye, intervenu au cours de l'été 1969, est chaleureusement accueilli. Boumédiène, président en exercice de la conférence des chefs d'État africains, inaugure l'événement au palais des Nations du Club des Pins. Près de 1 500 personnes assistent à son discours, dont les membres du Conseil de la révolution et du gouvernement algérien, les représentants du corps diplomatique accrédités et tous les chefs de délégations, ministres, écrivains, cinéastes ainsi que diverses personnalités européennes des arts et des lettres. Alger vibre au son du bendir et de la voix forte de l'Afrique décolonisée. Son discours est sans ambiguïté : « Le premier festival panafricain n'est pas un divertissement général qui nous distrairait de la lutte quotidienne, annonce-t-il d'entrée, il fait partie d'un immense effort pour notre émancipation. Il fait partie du combat que nous continuons tous en Afrique à mener : qu'il soit celui du développement ou de la libération nationale. Le colonialisme est un mal que nous avons tous subi, vécu, et dont nous avons triomphé. Mais son mécanisme est complexe. Le colonialisme est dans son essence comme dans son esprit un acte total. Il ne peut qu'ajouter à sa domination matérielle une emprise sociale et culturelle. »

Le régime se radicalise franchement, la liberté d'expression est abolie, la culture est reprise en main par le pouvoir, « l'emprise sociale » devient le leitmotiv de la répression. Alger devient rapidement la capitale des révolutionnaires en exil, ceux de Palestine, d'Amérique latine ou d'Asie, les Vietnamiens et les Cambodgiens, le refuge de toutes les victimes du colonialisme portugais, de l'apartheid d'Afrique du Sud, de Namibie ou de Rhodésie, celui de tous les opposants aux régimes fascistes brésilien, espagnol ou grec. L'anti-impérialisme constitue l'alpha et l'oméga du régime : tout est mis au service de ce mot d'ordre. La liberté d'opinion disparaît rapidement, l'autosuffisance alimentaire du pays aussi. Alger la blanche devient Alger la rouge.

Heddi se sait dans le collimateur. Des proches du pouvoir viennent de plus en plus souvent à la maison demander à sa famille quand il reviendra.

Il se cache. On demande alors ce qu'il fait, sur quoi il travaille. Il se sent menacé. Ce n'est pas grave, ne vous inquiétez pas, dit-on à Sakina, nous repasserons. Heddi s'alarme. Il a déjà vu des policiers en civil venir chez des voisins. Ils ont emmené les hommes pour un contrôle « de routine ». On ne les a jamais revus...

Le vent a tourné. L'époque de la terreur blanche est arrivée. L'étau se resserre. Heddi prend peur et décide de quitter l'Algérie. Il prépare sa fuite pendant près de deux ans. Le visa de tourisme de Sakina pour la France est facile à obtenir, elle est enceinte et souhaite y accoucher, mais il est valable quelques mois seulement. Pour lui, c'est plus difficile. Officiellement, un cadre de la nation ne peut pas sortir. Démissionner signifie que l'on est contre le régime. Mais Heddi connaît le responsable du bureau d'immigration avec la France... et le régime est corruptible. Il soudoie l'agent pour figurer sur la liste des visas de travail, dans le cadre des accords bilatéraux. Les quotas sont très limités. Il obtient six mois plus tard un visa de... manœuvre dans le bâtiment. Il tombe des nues, lui qui est taillé dans un cure-dent, mais il n'a pas le choix. Il est enfin autorisé à partir.

En ce jour de juillet 1973, tout est prêt... les Boulanouar ne disent rien à personne. La maison est vidée de ses meubles depuis la veille au soir. La famille s’engouffre dans une voiture pour l’aéroport. Sakina est simplement vêtue d’une robe légère.

Ils s’enfuient loin de la peur et de l’arbitraire.

Pourquoi ai-je dit cela à Laurent : « D'abord je vais lancer NoBank... » ? Pourquoi ai-je mis autant de temps à comprendre que rien n'est plus important pour moi qu'écrire ? Pourquoi n'ai-je pas gratté une seule ligne depuis la sortie de mon dernier livre ? Ces questions tournent dans ma tête.

Je connais la réponse, et elle est douloureuse. Dix-huit mois plus tôt, je me suis tiré une balle dans le pied en publiant mon journal sur la grande crise que nous avions dû gérer, à quelques-uns, au début 2008 dans une tour de la Défense, lorsque nous avons appris qu'un trader avait pris en secret 50 milliards d'engagements sur les marchés financiers.

Pendant quelques jours, nous avons eu le destin du système financier mondial entre les mains. Une fuite, une erreur de pilotage de notre part et par un jeu de dominos tragique, les banques mondiales auraient été prises dans une spirale de panique, de défauts en cascade et de faillites.

Le procès avait eu lieu. On attendait le jugement, qui devait tomber dans les premiers jours de l'automne. Le fraudeur avait publié un livre, dans lequel il se présentait comme une victime. Il passait d'un plateau de télévision à l'autre, mentant froidement à l'opinion comme il l'avait fait avec les contrôleurs de la banque lorsqu'il avait monté son système dément.

Chacune de ses phrases était un mensonge de plus. Je ne le supportais pas. J'avais sous le coude tous les ordres du jour et comptes rendus des comités de crise, j'avais mes cahiers de l'époque, tout me revenait à la figure. Alors j'ai pris la plume. En quelques semaines tout était couché sur papier.

Je ne pouvais pas laisser l'histoire se terminer sans y apporter la brique manquante, celle du témoignage d'une poignée de dirigeants confrontés à l'inimaginable. Je le devais aux collaborateurs de la banque, mais aussi aux citoyens pour qu'ils comprennent à côté de quelle catastrophe nous étions passés. Les compagnies aériennes savent que les témoignages sur les accidents évités sont essentiels pour prévenir des crashs. La fragilité du système était patente. Je dédiais mon livre à tous ceux qui avaient souffert de cette histoire. J'avais le devoir de partager et j'étais le seul à pouvoir le faire.

J'avançais sur un étroit chemin et j'en étais conscient. Je savais que la classe dirigeante pouvait être choquée et pousser des cris d'orfraie devant cet exercice de transparence. L'opinion publique était largement acquise à la cause du « plus faible », du « trader-sacrifié-par-sa-hiérarchie-lorsque-les choses-ont-mal-tourné ». Personne ne pouvait croire qu'un salarié pouvait créer un *système dans le système* de cette ampleur. C'était inimaginable. Or c'est justement parce qu'elle était inimaginable qu'il avait réussi sa fraude.

Les uns allaient me boycotter par principe. Les autres allaient penser que j'étais payé par la banque pour commettre ce document. Un ex-directeur de la communication ne pouvait être que trafiquant de réalité, incapable de tenir une autre plume que celle du *story telling*... Pour le sommet, cela ne se faisait pas, cela ne s'était jamais fait, nulle part. Pour la base, mon témoignage sonnait faux *a priori*.

L'*a priori* est le préalable de tout raisonnement : « Il a publié pour se faire un coup de pub. » « C'est un opportuniste qui veut se faire du blé avec un livre. » Ces arguments prévisibles me faisaient sourire amèrement. Président d'une banque Internet présente dans quatre pays, avec plus de 7 millions de visiteurs uniques et dont la valeur boursière pesait 800 millions d'euros, je n'avais pas besoin de coup de pub. Les droits d'auteur – et encore si le livre se vendait bien, rien n'étant jamais assuré dans ce domaine – représenteraient au mieux trois mois de mon salaire de patron de banque.

Personne ne pouvait imaginer qu'en réalité ma démission était un coup fatal qui allait me mettre sur la paille. Je le savais, mais j'étais assez fou pour le faire quand même. La sincérité du geste ne pouvait s'imaginer. La liberté de parole était inconcevable. Pourtant, je posai un acte libre et sincère. Histoire de continuer à me regarder dans la glace.

Honnêtement, je ne savais pas que publier faisait si mal.

Je voulais que tout le monde prenne conscience de l'énormité des actes d'un désaxé, plus froid encore qu'Anthony Hopkins dans *Le Silence des agneaux*. Nous avions eu une immense difficulté à rétablir la situation. Nous avions eu dans les mains une bombe de 50 milliards dans une situation de krach. Nous avons tout fait pour éviter un choc systémique aux conséquences désastreuses pour l'économie mondiale et des centaines de millions de gens ordinaires. Nous y avons réussi – mais il s'en était fallu de peu. La finance irresponsable est un jeu nucléaire.

J'ai publié parce que je ne voulais plus que des petits traders minables se prennent pour des génies surpuissants sans mesurer les risques. La culture du fric dans les banques d'investissement devait évoluer, les comportements gloutons changer, les régulateurs faire leur travail. J'ai publié parce que ce drame aurait pu se produire ailleurs. Toutes les équipes de haut niveau de toutes les banques que j'ai rencontrées me l'ont dit dans les yeux !

J'ai publié parce qu'un gouffre s'était creusé au fond de moi. Je savais et rien n'avait plus le même goût. J'ai publié parce que j'avais envie de hurler. J'ai publié parce que la confidentialité escamote trop souvent la vérité.

Les Boulanouar arrivent en France en 1973 conscients du paradoxe que représente leur exil dans cette ex-puissance coloniale contre laquelle ils s'étaient battus. Fervents soutiens du FLN, leur rêve d'indépendance et de liberté s'est heurté au détournement de la révolution par quelques cercles. Heddi est trop libre d'opinion pour rester à Alger. Le seul pays avec lequel ils ont des connexions, c'est justement la France qu'ils ont contribué à expulser des kasbahs algériennes... Ils ne parlent qu'une seule langue étrangère, et ne disposent que d'un point de chute, provisoire, à Lyon. Il n'y avait vraiment pas de quoi fanfaronner.

Ils s'installent quinze jours chez des proches, dans le quartier de la Croix-Rousse. Ils possèdent 1 500 francs, en tout et pour tout. Ils déménagent rapidement dans un petit appartement, loué dans un lotissement populaire à la semaine. Commence alors la période la plus noire de leur vie. Sakina doit élever ses deux filles avec 3 francs par jour. Heddi ne peut pas reprendre le journalisme, il a un visa de manœuvre, mais surtout il ne veut pas être visible. Il a fui son pays et craint les représailles. Faute de plume, il vend ses bras... et devient déménageur à la journée. Il n'a pas le physique et ne tient pas deux mois. Sakina trouve un intérim de dactylo. Comme il est cultivé, Heddi enchaîne avec un poste de surveillant dans une école de Lyon. Au bout de trois mois, la directrice le convoque : elle ne peut pas le garder, il s'abîme, il est trop intelligent pour rester indéfiniment à ce poste...

Ryad naît au bord du Rhône en novembre de la même année. Il est le seul garçon. C'est lui qui porte l'avenir de la famille, il incarne la continuité d'une rive à l'autre de la Méditerranée. Garçon et petit dernier d'une famille orientale, toute l'attention est focalisée sur lui – pour longtemps.

Sakina demande à être mutée à Paris dans une succursale de la société qui l'emploie. Comme elle est très bien notée, elle l'obtient et s'occupe des écritures comptables. Le lieu de résidence ne fait pas débat. La facilité consisterait à suivre la communauté algérienne et à reconstituer le bled dans les cages d'escalier des cités HLM de Saint-Denis. Mais Heddi veut rapidement tourner la page et se construire un nouvel avenir. Rejoindre la France ne doit pas correspondre à une simple fuite, mais à un choix politique, celui de la démocratie laïque et républicaine. Sa volonté d'intégration est décuplée. La famille Boulanouar refuse la tentation ethnique. Elle veut s'immerger le plus rapidement possible dans le paysage social. Elle cherche l'ouverture sur les autres. Les HLM du 93 arrangeaient tout le monde, Blancs comme beurs, mais pas eux.

La famille cherche un appartement à Charenton. Mais chaque fois, au dernier moment, les propriétaires refusent de louer en découvrant le nom du locataire. Un jour, alors que la responsable d'agence est au téléphone avec un propriétaire récalcitrant, une femme qui se trouve dans l'agence, échaudée par ce qu'elle entend, prend le combiné et insiste lourdement, elle garantit le paiement. Le propriétaire cède. Elle s'appelle Mme Mougeotte. Les Boulanouar lui en seront toujours reconnaissants.

Sakina paie le loyer. Heddi n'a pas de travail. Officiellement, il ne peut être que manœuvre. Il se résout à faire les marchés. Les placiers municipaux de Charenton se font graisser la patte pour lui laisser un emplacement, Heddi se fait racketter pour s'installer derrière une colonne. Il commence au mois d'août en remplissant son Ami 8 des fruits qui lui plaisent le plus, des oranges et des pommes. Personne ne les achète, ce n'est pas la saison. Il apprend rapidement le métier. Le milieu forain adopte facilement celui qu'il appelle le « pioupiou intellectuel », Heddi se fait chambrer, le courant passe. Si les Boulanouar ne roulent pas sur l'or, ils mangent à leur faim. Mais Heddi souffre, il n'a pas le physique. Il tombe en dépression.

Deux ans plus tard, en 1976, Sakina et Heddi peuvent enfin acheter une maison de fond de cour à Alfortville. Ils accèdent à la propriété. La ville est située à vingt minutes des halles, à proximité de Rungis, en banlieue parisienne. L'entrée de cette ancienne écurie donne directement sur un évier de cuisine, le rez-de-chaussée ne compte qu'une seule pièce. Il n'y a ni salle de bain ni W-C. Un escalier en colimaçon mène vers deux petites chambres. Les travaux seront faits à la main par Heddi quand il aura le temps.

Sakina ne parle pas l'arabe, Heddi ne parle pas le kabile, ils parlent le français entre eux, la seule langue qui sera enseignée aux enfants.

Si les lieux sont bringuebalants, les enfants reçoivent une éducation rigide. Comme il a peu de moyens, Heddi tient par-dessus tout à ce qu'il lui reste : ses valeurs. Le partage avant tout. Tout ce qui est contraire à l'intérêt général, tout comportement individualiste, lâche ou égoïste est banni. Sa fermeté est sans appel : partage, travail et sincérité. Heddi est très travailleur. Il attend le même engagement de ses enfants, avec qui il est sévère. Quand on compte tout, on ne peut se payer le luxe de l'inconséquence. Mais les enfants sont enveloppés d'amour. De ce côté-là, ils reçoivent plus que le nécessaire. Le père, la mère et la tante sont omniprésents. Heddi travaille surtout le matin, il est là tous les soirs. Le reste de son temps est consacré à sa famille. Il bricole beaucoup, pose des carrelages, installe des toilettes, refait l'électricité. Quand il a un moment, il écrit des nouvelles.

Sept fois par semaine, il se lève aux aurores pour le marché ou Rungis. Il est ambitieux et choisit d'entrée le haut de gamme. Il sera le « petit Fauchon de la rue ». Il privilégie la qualité au volume et sélectionne sa zone de chalandise. Ses clients seront les particuliers aisés des banlieues huppées de l'Est parisien, ceux de Charenton et de Saint-Maurice, les deux communes situées en face d'Alfortville, du bon côté de la Marne, au sud du bois de Vincennes. Les fruits et légumes rapportent de quoi nourrir la famille, mais pas beaucoup plus car les Boulanouar n'ont pas de chambre froide. Les stocks restent aussi minces que l'arrière de la petite camionnette, une antiquité usée jusqu'à la corde. Les approvisionnements se font le lundi et le jeudi aux halles de Rungis, le marché de Charenton a lieu le mercredi et le samedi, celui de Saint-Maurice, le mardi, le vendredi et le dimanche. Pas de jour de repos.

Les Boulanouar sont toujours très aimables et discrets, ils se comportent avec une constante gentillesse. Heddi en fait un point d'honneur. Dans son esprit, il est en France un invité. Toute l'éducation de Ryad sera bâtie sur ce postulat : « Tu es là mais tu n'as pas complètement le droit d'y être. » Ce n'est pas dit aussi explicitement, mais le petit garçon sent à chaque instant peser sur ses épaules l'attitude familiale.

L'humilité envahit les pièces, suinte des murs, transparaît des mots et des attitudes de son père.

La famille sort la tête de l'eau, mais Heddi éprouve un mal-être. L'ancien journaliste politique reconnu, qui vivait dans une grande villa de bord de mer avec du personnel, se retrouve maraîcher à tirer le diable par la queue et à vivre à cinq dans un deux-pièces de banlieue. Son état de santé se dégrade. Il est fragile. Son parcours torturé le mine. Il tombe gravement malade, les médecins diagnostiquent une tuberculose. Sakina arrête l'intérim pour faire les marchés et ne pas perdre les places de Charenton et de Saint-Maurice. Sa sœur, celle qui a fui avec eux, toujours célibataire, l'aide dans cette tâche.

Fin août 2010, six semaines avant la date théorique de publication, je préviens le nouveau PDG de la banque. Nous nous connaissons depuis onze ans. Je l'avais rencontré pour la première fois quelques semaines après mon arrivée dans le groupe.

Je sais que je l'ai rencontré à ce moment parce que cela figure sur mon agenda, mais, en réalité, je n'ai aucun souvenir du contenu de notre conversation, contrairement à beaucoup d'autres rendez-vous marquants durant ces premières semaines à la Société générale. Son accueil avait été respectueux mais distant, peu impliqué lors de mon tour de banque. Ce protocole est oublié depuis. Je suis alors l'un des rares au sein de la banque à l'avoir vécu. Au temps où les horloges tournaient à vitesse humaine, un dirigeant récemment nommé devait se faire une idée de l'entreprise où il mettait les pieds. Comme j'allais intégrer le comité exécutif, mon prédécesseur m'avait concocté un programme sur mesure : six mois d'entretiens avec les 400 principaux cadres de l'entreprise sur tous les continents. Chaque semaine dans un lieu nouveau, six à huit face-à-face de deux heures par jour, synthèse le soir.

Lille en agence, huit jours derrière le guichet. New York en Concorde la semaine suivante. Beau contraste. Perdre le moins de temps possible. Concorde à l'allée seulement, cela permettait d'arriver à destination deux heures avant le décollage. Retour par vol régulier, seul moyen de ne pas zapper une nuit entière. Singapour, la Défense, Hong Kong, Val-de-Fontenay, Tokyo, Varsovie, Francfort, Luxembourg, Londres, Nantes, Milan, Casablanca, Lyon, Los Angeles, Bucarest, Varna. Hôtels de verre, chambres cossues mais identiques d'un point à l'autre du globe, cadres habillés chez les mêmes tailleurs (uniquement des hommes), présentations formatées à l'identique. Ce voyage initiatique m'avait donné le tournis. Je commençais à avoir une idée de ce que faisaient les 50 *business units* de la banque aux activités parfois très différentes les unes des autres. Quatre mois à sillonner le monde, avec l'impression bizarre de me retrouver chaque matin au même endroit, sous un logo rouge et noir. Seuls les taxis et les restaurants du soir me permettaient de me rappeler le lieu où je me trouvais.

Pour le reste, je bouffais la sous-culture Powerpoint en *globish* toute la journée. Ce lointain souvenir m'est revenu lorsque j'ai pris rendez-vous avec mon jeune président de la banque (j'ai pris un an plus tôt la tête de la filiale en ligne). Le président est légèrement plus grand que Nicolas Sarkozy sans talonnettes. Il a d'ailleurs travaillé pour lui lorsque Sarkozy avait été nommé au ministère du Budget dans le gouvernement Édouard Balladur en 1993. Pour rendre les sujets accessibles au nouveau ministère, il lui rédigeait des notes « niveau flocon » (sic). Les bêtes à concours se moquent facilement de leurs jockeys.

Les cheveux du président de la banque sont coupés ras-parachutiste, passage par l'X oblige. Il affiche un sourire immuablement figé. Sa force d'abattage au travail est immense. Il enchaîne quinze heures de travail par jour sans manifester le plus petit signe de fatigue. Son corps est trapu, avec une densité qui fait penser au bois d'ébène, sombre et lourd. Ses jarrets sont solides, travaillés sur les terrains de football avec les anciens de l'ENA. Sous ses costumes impeccables, il porte des chemises blanches à boutons de manchettes sobres, achetées à Londres. C'est un banquier classique et raide, précis, accessible et insensible à la fois – et au final assez ennuyeux. Zéro empathie, mais de la courtoisie, toujours.

Son prédécesseur était un stratège visionnaire et ambitieux, électrisant d'intelligence et d'ambition. Le nouveau président de la banque doit au cataclysme de la fraude et à celui des subprimes son ascension fulgurante. Il a été choisi pour opérer ces deux tumeurs, parce qu'il les connaissait de l'intérieur, en qualité d'ex-superviseur des salles de marché et d'ex-directeur financier. Il me fait penser à un gendre parfait pour grande bourgeoise, un harpagon habillé en enfant de chœur, une intelligence brute et un corps de béton.

J'aborde le sujet de manière directe. Je lui annonce que je vais publier cette histoire. Il me répond que l'idée ne l'enthousiasme pas. Il veut consulter. Il refuse de lire le manuscrit et me demande de lui envoyer un coursier pour qu'il passe le texte à ses juristes. Je suis déçu. Je m'attendais à un accueil plus spontané et curieux, plus complice. Car cette tempête, il l'a vécue avec nous. Il a fait partie de la poignée d'initiés qui ont appris un certain dimanche, dans une salle de réunion de la Défense, que le sol se dérobait sous leurs pas. Ces moments ne s'oublient pas.

Le fruit de sa pensée arrive quelques jours plus tard. En fin de week-end, son numéro s'affiche. Je décroche. Il me demande de ne pas publier :

– Si tu le fais, tu devras en assumer toutes les responsabilités.

De ma vie, je n'ai jamais eu de conversation aussi sèche. Si les rôles avaient été inversés, j'aurais lu le livre moi-même, puis j'aurais convié mon collaborateur pour une discussion sur le fond, sur le sens et sur l'opportunité de la démarche. Onze années d'engagement dans la même direction méritaient une autre attention.

Je me retrouve face à un choix clair : mon job ou le livre.

– Réfléchis et donne-moi ta réponse dans quarante-huit heures. Cogite bien. Si tu sors le livre, tu sors du groupe.

Il raccroche.

L'arme de destruction massive est brandie. Mon président tente une dernière dissuasion. Son avocat me fixe un rendez-vous téléphonique le lendemain. Je suis à la Défense ce jour-là et m'isole dans une salle de réunion du 35e étage, en m'extrayant d'un comité de résultats mensuels au siège avec toute la direction générale.

– J'ai lu votre manuscrit, me dit maître M. J'en ai aussi parlé avec l'ancien président, dont vous êtes proche...

– Je lui ai aussi naturellement passé le manuscrit.

– Oui, il le prend d'ailleurs comme un « immense signe d'affection... », je le dis tel que je l'ai entendu.

– Ce n'est pas l'objet. Qu'en pensez-vous, vous, François ?

– Vous ne pouvez pas publier cela, Hugues.

– Je sais ce que je peux faire ou pas. Je connais l'impact que ce livre aura. Je sais que les collaborateurs en ont besoin. C'est à eux que je le dédie.

– Avec les fonctions que vous avez occupées, vous ne pouvez pas révéler la fragilité du système financier. En ouvrant la boîte de Pandore, vous allez accentuer les risques de panique lors des prochaines crises.

– Je souhaite au contraire sensibiliser mes pairs sur les mécanismes de destruction. La panique éventuelle n'est pas un sujet. Un livre dépasse rarement quelques milliers d'exemplaires, ce n'est pas cela qui va provoquer une réaction en chaîne dans les guichets de banques !

– Cela y contribuera, par médias interposés...

– Vous connaissez la crédibilité qu'accordent les Français aux médias !

– Ce n'est pas là l'essentiel de mon propos. Vous faites partie du petit cercle de quatre ou cinq personnes qui ont tout su à l'époque. Vous avez une obligation de réserve. Vous êtes tenu au secret bancaire, au secret professionnel. En publiant, vous mettriez en doute la crédibilité des équipes et des auditeurs...

– Pendant dix ans, j'ai été celui qui décidait quelles informations pouvaient sortir de ces comités de la banque. J'ai été payé exactement pour cela. Je sais ce que je dis, j'en connais l'impact, je sais ce que je fais.

– Mais vous narrez, votre langage est intelligible...

– Je n'apporte rien de plus sur le fond que ce qu'ont dit l'inspection de la banque, le juge d'instruction, le rapport Lagarde ou la Commission bancaire.

– Narrer, cela change tout. Avec vos mots, on comprend les choses différemment. Et puis l'affaire n'est pas finie : après le jugement, il y aura l'appel. J'en suis persuadé, le trader fera appel parce que depuis le début il se positionne en victime. Il fera appel même s'il n'écope que de un an de prison. Le livre constituera un élément nouveau dont ils se serviront, même sans l'avoir lu. Ils diront qu'il est bourré de révélations et que cela change tout. Ils feront appel en s'appuyant sur la simple annonce d'un nouveau livre.

– Il fera appel avec ou sans ce livre, cela ne changera rien. Il n'y a rien dedans de l'affaire judiciaire que l'on ne connaisse déjà. Mon livre ne porte pas sur ce qu'a fait le trader avant le 20 janvier 2008, mais sur le comportement d'une équipe de direction dans une situation de stress extrême après cette date. Il parle de fonctionnement des médias, de démagogie politique, de tactiques de déstabilisation, de rumeurs d'OPA. Sur le fraudeur, je me contente d'un flash-back sur la découverte de la fraude. Cette seule partie factuelle rend inaudible sa défense.

– Vraiment, Hugues, il n'est pas opportun de mettre sur la place publique tous les *modus operandi* des grands groupes. Vous avez fait un très beau travail, écrit de façon remarquable. Je sais ce que cela représente, j'ai aussi publié, mais là vous ne pouvez absolument pas.

– Tout ce que vous me dites, François, me pousse à publier. Vous ne voyez pas l'intérêt que cela représentera pour les lecteurs, l'aspect pédagogique pour ceux qui affronteront les prochaines crises. Que faites-vous du droit de savoir ? Cette affaire est si importante qu'il m'est impossible de la taire. En politique, les anciens directeurs de cabinets publient leurs journaux intimes sur les périodes sensibles des mandatures. Pourquoi les entreprises seraient-elles des sanctuaires du secret ?

– Si vous faites cela, Hugues, vous serez blacklisté. Si vous brisez la loi du silence, le milieu vous brisera.

Le directeur général délégué m'interpelle au sortir d'une réunion. Il joue le naïf en me demandant pourquoi je fais une tête de trois pieds de long.

– Tu le sais très bien, lui dis-je.

– Non, me ment-il.

Je l'accompagne au bas de la tour où il descend fumer dix fois par jour. Nous marchons sur le parvis de la Défense. Je lui dis la situation qu'il connaît déjà, par l'autre directeur général. Je ne lâche rien avant qu'il ne jette son va-tout :

– Enfin, Hugues, en réhabilitant l'ancienne direction tu affaiblis la nouvelle... Notre réputation n'est-elle pas installée que tu nous déstabilises déjà.

Il poursuit en insistant sur mon rôle « essentiel » dans les comités de direction du groupe.

Je passe la soirée avec mon éditeur. Je partage avec lui mes doutes. Je m'étais préparé à un éventuel désaveu mou, c'était une probabilité, pour la forme, notamment vis-à-vis du pouvoir en place ou de certaines personnalités présentes dans le livre, celles dont le rôle avait été ambigu, mais pas à une telle résistance.

Je pensais qu'ils tiendraient compte de mes onze années passées à défendre bec et ongles cette entreprise. Qu'ils auraient l'intelligence de comprendre l'impact positif pour le groupe de cette publication-vérité. Qu'ils cesseraient de faire l'autruche devant chaque problème d'image.

Ils auraient par exemple pu désapprouver publiquement une initiative individuelle, pour se protéger, mais me laisser à la tête d'une filiale Internet dont le succès repose depuis l'origine sur les forums très ouverts entre internautes. Mais c'était sans compter sur le vent de pusillanimité ambiante, dont le vrai nom est la couardise.

– Alors ne publie pas, me dit Laurent. Ton job est plus important. Rien n'est imprimé. Mes seuls frais sont mon temps, celui des relecteurs et la première mise en page. Tu as une famille, quatre enfants. Pèse le pour et le contre.

Je le regarde dans les yeux et lui dis :

– Ce que j'ai écrit sort du fond de mes tripes. Je ne peux pas renoncer. L'histoire ne peut se terminer sans que l'on sache ce qui s'est vraiment passé.

– Tu peux reporter...

Puis il ajoute, calmement :

– Tu sais, cela ne changera rien entre nous.

Je réfléchis à haute voix :

– Le président de la banque a brisé le ressort de la confiance dès le départ. S'il l'avait lu lui-même plutôt que de le confier comme une patate chaude à des juristes, on en aurait parlé calmement, et j'aurais pu amender la date de publication... reporter de quelques mois ou même de plusieurs années. Il ne l'a pas fait. En me menaçant, il pense me dissuader, mais c'est l'inverse qui se produit. Son attitude m'oblige à avancer.

– C'est kamikaze, me dit Laurent.

Et il se tait.

Alfortville accueille une grande communauté arménienne, l'immigration portugaise, espagnole et italienne y est aussi dense. Ryad est inscrit à l'école élémentaire Victor-Hugo. La photo de classe est diversifiée, avec pour moitié « du blond aux yeux bleus, du Gaulois » et pour le reste des Européens fraîchement arrivés. Dans toute l'école, et avec ses deux sœurs, ils ne sont que quatre ou cinq Arabes. Pas de Noirs.

Le petit Ryad ferme sa gueule. Partout où il passe, il rase les murs. Il est toujours gentil parce qu'il sait qu'il n'a pas le droit de l'ouvrir, de se faire remarquer. « Sois discret », lui répète chaque jour sa mère, Sakina, quand il part avec son cartable sur le dos. Dans la tête de sa mère, dans la sienne, dans celle des gens aussi, il reste le petit basané d'Alfortville. On le complimente, on le trouve sympa, mais la frontière invisible est toujours là... Le petit jeu de la discrimination se joue à plusieurs. Tout le monde est complice : ses parents, lui, les autres. Ryad ne dit rien, il encaisse. Il ferme sa gueule, mais il observe. Il observe beaucoup. Il se sent un peu couillon dans cet univers bourré de codes et de non-dits.

Il passe une enfance aussi paisible que lisse, sans faire de bruit. Il est en retrait. La première fois que son professeur lui demande de rencontrer ses parents, Ryad prend peur. Même s'il n'a pas fait une seule vague depuis le début de l'année, il se dit qu'il va « se faire défoncer ». En fait, le prof voulait simplement connaître la famille. Les enseignants aiment bien Ryad, ils sont curieux de lui. Ryad ne sent pas complètement le poids de l'immigration, il a juste l'impression d'être un peu... inférieur. Un simple invité, bienvenu, mais pas totalement chez lui. Ce n'est pas la réalité objective, c'est ce qu'il ressent. La différence n'est pas soluble dans la réussite scolaire.

Pour Heddi, l'école est extrêmement importante. Il lit tous les bulletins scolaires de son fils dans le moindre détail. L'ancien journaliste a de l'ambition pour lui. Il pousse Ryad dans ses études malgré le manque de moyens. Quand Ryad rentre de l'école, il ne traîne jamais dans la rue et fait directement ses devoirs. Personne ne l'aide. On lui demande simplement d'avoir de bonnes notes. Quand il obtient 16 ou 17 sur 20, la première question d'Heddi est toujours la même : pourquoi n'as-tu pas eu 20 ? Et quand il tente d'expliquer que son copain Arnaud a eu 8, Heddi balaie l'argument d'un revers de main. Il veut que Ryad soit le meilleur.

À l'école, Ryad trouve le temps long. Il s'ennuie et se sent toujours un peu... seul. Une distance qu'il cultive. Pas de copains à la maison, pas de balades, ni d'invitations, en dehors de quelques anniversaires bien sélectionnés, programmés longtemps à l'avance et qu'Heddi annule si les notes ne sont pas suffisantes. Ryad se tient à carreau. Les rares fois où il sort des clous, il se fait systématiquement « cartonner ». Heddi réagit chaque fois qu'il sent le moindre relâchement. Tenter de biaiser avec lui ne sert à rien, le retour est cinglant. Heddi ne laisse jamais rien passer. Pas de violence, mais un dialogue les yeux dans les yeux, où l'enfant est mis face à ses responsabilités, jusqu'à ce que Ryad reconnaisse ses torts. On ne triche pas avec Heddi, qui a le don de mettre le doigt où cela fait mal.

Les Boulanouar dînent toujours en famille. Ils regardent un peu la télévision, mais les enfants sont systématiquement couchés à 21 heures, quel que soit le programme. On ne discute pas les ordres.

Heddi demande souvent à Ryad de l'aider à vendre ses salades sur le marché de Charenton. Il laisse entendre aux clients que c'est pour la tirelire du petit, un franc la laitue bien croquante. Chaque pièce ira directement dans le pot commun, mais là n'est pas l'important, Ryad est avec son père. C'est son bonheur, son roc. Chaque fois que Ryad est face à un problème, Heddi trouve la solution. Ryad lui demande en permanence ce qu'il doit faire. Heddi est là, tout le temps. Il est sévère, mais il sait aussi rigoler avec son fils. Leur relation est fusionnelle. Ryad ne regarde que lui. Son père est sa seule référence, le pilier de la famille.

Kamikaze ? Je ne crois pas. J'ai déjà créé une entreprise à 30 ans. Je sais ce que signifie partir de zéro. Je vois les dix-huit mois de traversée du désert qui m'attendent. Combien de vies professionnelles sans cassures ? Le ressort de la confiance est cassé. Même si je renonce au livre, mon avenir dans ce groupe est compromis. Si je me plie à leur diktat, je gagnerai quelques mois. Mais je finirai aux oubliettes. C'est une question de temps.

En réalité, je n'ai pas le choix.

Nous passons une grande partie de la nuit à relire ensemble avec Laurent chaque page et à traquer les dernières coquilles. Je suis épuisé. Je me laisse aller à épancher mon amertume : ils me lâchent ainsi après tout ce que j'ai donné...

En me raccompagnant vers 3 heures du matin, mon éditeur me glisse :

– Je vais quand même tester l'accueil de ton livre avant que tu te décides définitivement.

– Comment ?

– J'en ai discuté avec Laurence, qui s'occupe des lancements aux Arènes. Elle propose de faire signer une lettre de confidentialité à une pointure du *Monde* et à un rédacteur en chef du « Grand Journal » de Canal+. Ensuite, elle va leur passer le manuscrit pour lecture. *Le Monde* nous dira s'il prend les bonnes feuilles ou pas, c'est une pleine page minimum. Pour « Le Grand Journal », ce sera un engagement de passage le soir même de la sortie, en direct. S'ils plongent, cela lancera le livre. S'ils refusent, tu sauras à quoi t'en tenir.

Le lendemain, j'appelle deux de mes anciens clients, avec qui je travaillais onze ans auparavant. Ce sont aussi des amis. Je leur dis que je pense redémarrer une activité de conseil. Ils me disent spontanément qu'ils me confieront une mission dès le début de l'année suivante.

Laurent me rappelle quelques jours plus tard :

– *Le Monde* a beaucoup aimé : ils vont te consacrer une pleine page et un appel de une. « Le Grand Journal » aussi : accepterais-tu d'être confronté au fraudeur ou à son avocat Me Metzner ?

– Oui, bien sûr.

– Avec la qualité de ton livre, la caution du *Monde* et la puissance du « Grand Journal », je peux te garantir un succès. Maintenant, c'est à toi de prendre la décision. Pour nous, c'est un livre de plus. Pour toi, c'est ton avenir. Quelle que soit ta décision, on s'adapte.

De son côté, le président de la banque s'inquiète de mon silence. Il s'aperçoit qu'il a dégainé un peu vite, que son ultimatum peut être contre-productif.

Il me fait appeler par le directeur général délégué qui supervise Boursorama.

– Hugues, tu ne peux pas faire ça...

– En me mettant le pistolet sur la tempe, le président ne m'a pas donné d'autre choix que de partir.

– Il a tenté de te dissuader de sortir le livre, c'est tout.

– Il a réagi avec défiance. Je ne vois pas comment reconstruire le lien.

Le message est transmis. Le président m'inonde alors de textos pour me faire changer d'avis. Le mardi 21 septembre à 13:01, je reçois notamment ce SMS :

Renoncer te permettra de poursuivre dans les meilleures conditions, avec ma confiance et avec une sérénité retrouvée, ta tâche à la tête de Boursorama.

J'ai encore quelques heures avant l'impression du livre, qui rendra la publication irréversible. Mais la soudaine mansuétude du président sonne faux. Je ne crois pas à sa confiance. Il n'a plus la mienne. Ma décision est prise. Je vais démissionner pour sortir le livre en toute liberté.

Une amie me recommande de faire authentifier et enregistrer ses SMS chez un huissier à Neuilly-sur-Seine, au cas où il tenterait ensuite de clamer partout qu'il m'a viré. Je le fais dans la foulée.

J'appelle le président le lendemain :

– J'ai réfléchi.

– Je le savais...

– Je publie.

– Quoi ?

– Je quitte le groupe.

Un silence tendu. Il traduit dans son langage :

– Je te sors !

Son pistolet était armé.

BANG, fait le combiné en raccrochant.

Il me demande deux semaines pour trouver un successeur. Je lui garantis mon silence jusque-là. Je sais que je lui donne le temps de préparer une contre-offensive pour me décrédibiliser, mais je n'ai aucune raison de déstabiliser les collaborateurs et les partenaires de la société que je préside. Pas d'incertitude : je leur livrerai le problème et la solution en même temps.

Le jour dit, j'arrive au bureau, j'enlève ma veste, la pose sur le perroquet et me dirige vers la baie vitrée qui domine la Seine. Une péniche passe. Je ne vois pas de skiffs, ils passent le mercredi et le week-end, jours des enfants. J'imprime ces images dans ma mémoire avec la clarté des couleurs du matin. Le soleil est à ma gauche, il écrase de sa pâleur le paysage et amplifie ses reliefs, comme dans une photo de Thomas Ruff. Je ne sais pas pourquoi, je préfère plastiquement ce moment. Les couleurs plus ambrées du soir ressemblent à des cartes postales.

Je me dirige à mon bureau, allume l'ordinateur, ouvre Outlook et sélectionne le groupe des administrateurs de Boursorama Banque. Je les appelle un à un, leur explique la situation, leur dis la réaction de l'actionnaire principal et leur annonce mon choix.

Pour un livre ? L'interrogation est générale.

Un administrateur de la banque me dit :
– Je ne comprends pas pourquoi vous vous suicidez professionnellement.
– Il y a une vie à côté du Cac 40.

Il est stupéfait. Il ne savait pas que je mettais quelque chose au-dessus de ma carrière. Appelons-le honneur ou vérité si l'on veut employer des grands mots. Ou de manière plus instinctive, un refus de continuer à cautionner les excès du système financier, qui ne sait pas mettre de limites à la cupidité et au laxisme. J'avais besoin de crier. Ni eux ni même moi peut-être ne le savions avant ce moment-là.

J'entends le murmure qu'ils ne prononcent pas mais résonne dans leurs têtes : « Au fou... »

Puis je rédige le mail de convocation du conseil d'administration. Ma main est sur la souris. Je sais qu'en cliquant sur envoi je signe mon arrêt de mort. C'était un vendredi matin d'automne. J'appuie. BANG, fait le message en s'envolant.

Plusieurs fois par semaine, Heddi part pour Rungis au milieu de la nuit. Ryad ne veut pas le quitter, il le tanne pour aller avec lui. Cela n'arrive que pendant les vacances scolaires. Les jours où son père le sort du lit vers 4 heures du matin, il est aux anges. Il s'engouffre dans la petite camionnette bringuebalante qu'Heddi est le seul à pouvoir conduire. Pour démarrer il faut mettre les deux cosses. Ryad plonge ses deux bras dans le moteur. Pour freiner, il faut appuyer avec le pied et tirer en même temps le frein à main, il pose ses doigts sur ceux de son père. Ryad découvre Rungis les yeux écarquillés.

La maison, la camionnette, rien n'est très abouti. Le père et le fils bricolent beaucoup, c'est leur seul loisir. Ryad se passionne pour tout. Il répare, il fait de la mécanique, il apprend l'électricité. Son père lui montre comment faire, puis le laisse se débrouiller. Il développe sa curiosité. Ryad n'a peur de rien.

Il essaie tout. Son père le pousse à ne jamais se contenter de ce qu'il a. Ils n'ont pas de moyens, mais tout doit être nickel, optimisé. Toujours travailler, aller jusqu'au bout.

À l'école, Ryad est en décalage. Il se sent loin des préoccupations de ses camarades qui jouent aux Indiens ou aux petites voitures. Ces jeux futiles ne l'intéressent pas. Il se force de temps en temps pour se socialiser un peu, mais ce n'est pas son truc. Il préfère discuter en tête à tête sur des sujets qui ne sont pas forcément des sujets de gosse. Il est un peu triste. Et ultrasensible. Il se focalise sur un seul copain et attend tout de lui, pour toute l'année. Il est possessif de l'amitié qu'il donne. S'il offre 400 % d'estime, de confiance, de disponibilité et de complicité, il attend en retour le même engagement. Il se donne sans limite, sans calcul, mais ne supporte pas les « incartades » qu'il ressent comme des coups de canif dans un contrat qui n'a pourtant jamais été signé. Évidemment, à chaque fois, il est déçu. Beaucoup d'enfants lui font du mal sans même le savoir. Il s'isole et développe une forme de mélancolie dans laquelle il finit par se complaire.

Ses passions sont ailleurs. Depuis qu'il sait lire, il dévore tous les modes d'emploi qu'il trouve et démonte tout ce qu'il peut. Il commence par son réveil. Il n'arrive pas à replacer les ressorts, il en pleure. Il décortique sa radio un peu plus tard. Il fête ses 8 ans en dépeçant pour la première fois le téléviseur familial, qu'il remonte entièrement. Il s'attaque aussi aux composants.

Ryad se sert des fers à souder offerts par son père. Il refait l'électricité de la maison. Sakina risque l'électrocution chaque fois qu'elle entre dans sa chambre. À 10 ans, il réalise son premier décodeur pirate de Canal+ en suivant à la lettre un guide clandestin. Il l'offre à un ami des parents. Il va chercher son matériel électronique dans un magasin spécialisé du Xᵉ arrondissement de Paris, en métro. Il n'arrive pas au comptoir et fait venir sa mère pour faire sérieux. Un jour, alors qu'il achète des composants, Ryad dresse sa liste au commerçant. Sa mère ne comprend rien aux coefficients multiplicateurs, les kilos, les mégas. Elle pâlit en entendant son fils faire sa commande :

– Une résistance de 4 kilo-ohm, deux de 6 kilos...

Sakina tire son fils par la manche et lui dit, effrayée :

– Doucement, on est à pied...

Ryad s'esclaffe. Elle rougit quand elle voit le matériel arriver : chaque résistance a la taille d'un demi-ongle. Mais elle n'est qu'au début de sa surprise. Le vendeur, qui voit tout de suite l'usage de ces composants, lui glisse à l'oreille, mi-complice mi-réprobateur :

– Dites donc, déjà pirate à cet âge-là...

Elle devient écarlate.

Ryad fabrique pour le plaisir. Il coupe, il soude, il réussit à faire fonctionner. Les copains de classe lui demandent des décodeurs. Il les donne. Mais, rapidement, il ne se satisfait plus de reproduire. Il veut tout comprendre et créer lui-même. Dès la sixième, il achète systématiquement les magazines *Électronique Pratique* et *Elector*, dont il attend chaque numéro avec impatience. Les formules mathématiques occupent une très grande place dans ces revues et Ryad qui est en sixième ne connaît encore que les quatre opérations de base. Il ne comprend pas, mais s'obstine. Il insiste. Il s'énerve.

Quand il va au supermarché avec ses parents, la grande fierté de ces derniers est de voir leur fils calculer de tête le montant de l'addition et l'annoncer à haute voix, avant même que la caissière ait appuyé sur le dernier bouton. C'est son jeu préféré.

Le soir dans sa chambre, il lit et il essaie d'inventer une petite lampe où des lumières rouge et verte clignotent en fréquence variable. Il n'y arrive pas seul, alors il reprend ses modes d'emploi. Les bases lui manquent. Il travaille beaucoup ses maths à l'école, pour l'électronique. À vouloir aller trop vite, il accentue sa frustration. Les revues font appel à des concepts que l'on ne comprend qu'en classe supérieure... Sa curiosité est insatiable.

Un jour, il écrit à une société pour commander des formations électroniques « à la portée de tous ». Pour y avoir accès, il certifie être majeur. Son courrier semble si prometteur que l'entreprise envoie une représentante à l'adresse indiquée, en pensant qu'il s'agit d'un professionnel. Sakina n'est pas au courant, elle croit que l'on se moque d'elle. Elle regarde la lettre et reconnaît l'écriture de son fils. La vendeuse repart furieuse de s'être fait berner.

Mais au fond d'elle, Sakina est fière de lui, elle voit déjà son potentiel et n'éprouve aucune honte. Depuis sa naissance à Lyon, elle l'accompagne chaque heure dans son développement.

Ryad a une relation fusionnelle avec sa mère jusqu'à 9 ans. Il est très en avance sur tout, voire surdoué. Au bout d'un moment, Sakina ne peut plus faire face à ses questions. Ryad se tourne alors de plus en plus vers son père et trouve toutes les réponses. Sakina n'ose pas jeter les montages électroniques de Ryad, qui finissent par pourrir la vie de la famille, il y en a partout. Ryad est bon en classe, il est très bricoleur, c'est déjà « un homme complet » selon elle, avec la maturité d'un homme de 30 ans.

Un jour, il finit par trouver un livre de vulgarisation, écrit simplement sans équations dès la première page. Il se plonge dedans. Il tourne les pages dans son lit avec excitation. Le déclic se produit vers minuit. Il hurle de joie. Ses parents se demandent ce qui se passe. Il annonce fièrement qu'il sera ingénieur en électronique, il en est sûr. Jamais il ne dérogera à cette passion.

Son père l'encourage. Sa maîtresse de CM2 aussi. Ryad travaille très bien. Elle se prend d'affection pour lui. Les commentaires du carnet pour son passage en sixième sont très flatteurs. C'est la première fois que l'on dit autant de bien de lui et que cela ne vient pas de sa famille. Il se sent pousser des ailes et prend petit à petit confiance en lui. Il n'est pas tout à fait comme les autres, mais s'en rapproche. Il est admis au collège Henri-Barbusse d'Alfortville.

En sixième, changement de décor, c'est le début de la puberté... pour les autres. Les filles ne le regardent pas. Il y a toujours plus marrant ou plus cool que lui. La seule fille avec qui il réussit à sympathiser lui dit : « Je ne peux pas sortir avec un Arabe. » En groupe, sa personnalité est en retrait. Il est toujours d'accord avec tout le monde. Mais sa solitude lui pèse. Il a envie d'être aimé, de réaliser quelque chose qui le sortira de l'anonymat. Il se présente dès la rentrée comme candidat à l'élection du délégué de classe. Il ne vote pas pour lui et ne recueille... qu'une seule voix. Il lui faudra encore attendre. Ce sera long. Ryad ne fait rien comme les autres.

En gymnastique, il est incapable de sauter à la corde, ses bras et ses jambes sont désynchronisés, le geste n'est pas naturel, il calcule dans sa tête la vitesse de chaque membre et ne résout pas l'équation. En sport d'équipe, c'est pire. Au foot, le professeur choisit les deux capitaines qui sélectionneront à tour de rôle les membres de leur équipe. Ryad est toujours le dernier à être choisi, et l'exercice se termine toujours par la même phrase : « Merde, on a Ryad. » Il est systématiquement placé dans les buts, où il reste... seul, pendant tout le match... sauf quand on lui tire dessus.

Ryad s'accroche et tente autre chose. Il demande à son père de l'inscrire au basket. Le professeur le convie à un cours pour le tester. Il est désastreux. Ryad n'arrive pas à s'approcher du panier... le dribble est un cauchemar. À la fin, le professeur, conciliant, dit à son père : « On sent quand même qu'il y a quelque chose... » Le père et le fils ne sont pas dupes. L'expérience n'est pas prolongée. Il abandonne cette voie et se fait régulièrement dispenser de sport en allant à l'infirmerie s'inventer des maux imaginaires.

Je tourne en rond tout le week-end qui précède le conseil d'administration extraordinaire que j'ai convoqué. Après le déjeuner du dimanche en famille, je ne tiens plus en place. Je pars pour Boulogne. J'ai demandé à tous les membres du comité exécutif de participer à ce conseil d'administration. Je les vois chacun en tête à tête avant de monter dans la grande salle, au 7e étage.

18 heures.

Je salue les collaborateurs. Un à un.

La salle est silencieuse. Tous piquent du nez dans leurs dossiers.

Chacun est assis. Et fuit mon regard. Seul un administrateur me serre dans ses bras, le Catalan. Il me dit :

– Ce que tu fais prouve que tu es un grand.

Il serre plus fort.

– Tu seras toujours bienvenu à Barcelone.

Et me tapote l'épaule trois fois dans un abrazo à l'espagnol.

Je rappelle l'ordre du jour officiel: un aperçu global de la stratégie de la Société. Mais tout le monde connaît l'objet réel de la réunion. Quand un conseil d'administration est sensible, le libellé de la convocation est toujours bidon pour éviter tout risque de fuite.

Je sais que le moment de ma démission en fin de séance sera difficile. Alors j'inverse le propos.

– Vous savez tous que vous êtes venus pour ma démission, je vous en ai parlé à chacun personnellement. Aussi je n'attendrai pas la fin de la séance, je le fais maintenant, ce sera moins dur ainsi. Je démissionne de mon poste de président de ce conseil d'administration et de mon poste de directeur général. Voilà qui est fait. Je vais maintenant faire un exposé stratégique pendant quarante minutes, puis je dirai un mot sur chacun d'entre vous, administrateurs et collaborateurs. Je terminerai par un bref portrait de mon successeur, puis je quitterai la salle sans vous dire au revoir. Je le fais maintenant. Au revoir. Voilà.

Je ne laisse personne prendre la parole, je débite mes mots avec densité. Le moindre début de silence fait monter l'émotion en moi. J'accélère le rythme pour ne laisser aucun vide. Mes mots claquent dans l'air dans un rythme infernal dont la vitesse me permet de dominer l'angoisse du vide auquel je serai confronté dans quelques minutes. J'ai conscience de tourner définitivement une page de mon histoire personnelle, celle où je suis devenu un business-man, patron d'une société florissante et cotée en Bourse. Dans quelques secondes, je rentrerai dans l'anonymat, un nouveau monde, inconnu, où tout sera possible, le meilleur, comme le pire. Je ne sais pas ce que le destin me réserve.

Ramon, mon directeur général délégué, veut dire un mot amical, je le laisse faire. Le représentant de la Caixa fait de même. Le directeur général du Groupe me dit regretter plus encore mon départ après cet exposé stratégique. Je les sais sincères, mais cela me pèse d'écouter leurs compliments. Je fais d'immenses efforts pour rester de marbre.

Avant de quitter la salle, j'adresse un remerciement à chacun. Je fais enfin un bref portrait de mon successeur – une énarque dans le moule du groupe – et lui souhaite le meilleur. Je me lève alors qu'il me reste encore deux phrases, passe derrière mon fauteuil en débitant la première, recule d'un pas, attrape la porte, achève mon propos, les regarde tous, me retourne et quitte la salle du conseil.

Une moquette grise, des murs blancs, des ordinateurs éteints. Une entreprise un dimanche. Un couloir vide. Quatre cages d'ascenseurs. Deux boutons. J'appuie sur celui du bas, tout un symbole. Immense moment de solitude. Je descends au parking et quitte l'immeuble sans me retourner. L'émotion me gagne. Personne n'est là pour voir les larmes qui coulent.

Quand Ryad arrive en cinquième, tout change. Il a un peu grandi et commence à s'affirmer. Son projet pour l'année est simple : il doit arrêter la spirale d'isolement et de mise à l'écart qu'il alimente lui-même depuis son enfance. Il habite désormais à Alfortville depuis douze ans et ne doit plus se sentir « invité » dans ce pays. Il décide d'assumer... et tombe dans l'excès inverse. La force physique qu'il n'a pas se transforme en vivacité. Il développe son humour avec une « putain de repartie ». Dans la cour de récréation, il « casse dur », il « chambre » et devient vite le marrant de la bande. Quand il a quelqu'un dans le collimateur, ce n'est pas cool pour le bonhomme. Ryad fait rire tout le monde. Il prend beaucoup d'assurance, attire les filles, les garçons aussi. Il veut plaire. Et ça marche. Il se présente à nouveau comme délégué et cette fois-ci, il est élu. Tout marche, il connaît cette année-là sa première petite amie, « la plus belle de la classe ». Ryad prend sa revanche.

Avec les adultes, c'est plus compliqué. Sa mère lui rappelle en permanence : « N'oublie pas tes clés... N'oublie pas tes papiers... On ne veut pas d'ennuis. » Un jour, il perd son portefeuille. La famille en est malade. Les professeurs lui demandent toujours ses origines. Ils lui reprochent aussi de choisir ses matières. L'histoire l'ennuie, il ne voit pas pourquoi on lui parle des rois ni l'intérêt de retenir des dates par cœur. Aucune application immédiate. La géographie ? Il est très bien à Alfortville et ne voit pas ce qu'il irait faire ailleurs. Tout ce qui est en dehors est abstrait. Le seul lieu qu'il repère sur la carte est l'île de Bréhat, où il passe deux mois tous les étés au camping avec toute sa famille. Études de textes ? Le prêt-à-penser le désole. Il y a tant d'hypothèses et d'angles possibles...

En réalité, seules les maths le passionnent. Elles lui permettent de passer à chaque fois à la classe supérieure. Son seul objectif est de comprendre. Car quand il passe un contrôle, il fait le minimum. Il ne répond pas aux petites questions qui rapportent deux ou trois points, se contente des problèmes. Il sort une demi-heure avant tout le monde, sûr de son 17. Courir pour le 20 ne l'intéresse plus. Les conseillers d'orientation n'hésitent pas : « Tu devrais faire un BEP d'électronique, c'est bien... » Avant d'ajouter... « Pour toi. » La société lui assigne une place dans la masse. Ryad est ravi, la technologie c'est tout ce qu'il aime. Mais Heddi veille et refuse : « Hors de question, tu feras de vraies études générales jusqu'au bout. » Le bac ou rien.

Avec les années, Heddi a de plus en plus de mal à déballer et à remballer les marchés. Après un été au camping de Bréhat où il croise un grossiste en diététique, il décide en 1983 de créer un magasin de produits alimentaires et cosmétiques bio. Les beaux quartiers sont inabordables. Il investit toutes ses économies à Alfortville, où le pas-de-porte est encore accessible. Le magasin est petit, il est mal placé et le bio n'est pas encore « tendance » dans le quartier... Les immigrés arméniens, portugais ou arabes se moquent de la diététique. Ils ne voient pas l'intérêt de payer le paquet sucre à 4 francs quand ils peuvent l'acheter au quart du prix. Seule une petite communauté antillaise friande de produits cosmétiques est fidèle à la boutique.

Les résidents d'Alfortville continuent de faire leurs courses au rayon frais du supermarché. Heddi n'a pas les moyens d'attendre. Les Boulanouar vivotent durant trois années pendant lesquelles la famille se nourrit essentiellement des légumes non vendus, les plus abîmés ou les périmés, « ceux avec des papillons dedans ». Ryad a grandi. Alors Sakina trouve du travail. Elle devient assistante sous contrat temporaire à la faculté de Créteil. Ryad passe souvent au magasin en rentrant de l'école. Il présente ses copines à son père, qui le voit changer rapidement. Leur relation reste fusionnelle, dès qu'il a une heure de permanence, il court l'aider.

Dimanche soir, c'est l'heure du film... Mon cerveau est en ébullition. L'embargo sur le livre doit encore durer trente-six heures. Le délibéré des juges dans l'affaire du fraudeur est prévu mardi en fin de matinée.

Publier avant le verdict serait une erreur tactique et perçu comme une tentative de peser sur le cours de la Justice. Je sais aussi que demain le communiqué officiel sur mon départ va être publié. La banque sera laconique. Le premier qui tire donne toujours le ton. Pendant trente-six heures, personne ne saura pourquoi je pars de la direction de Boursorama. Les rumeurs et les supputations peuvent détruire ma réputation.

Ils tireront à l'aube demain. Le timing est serré. La direction de la communication de la banque est dans les starting-blocks. Dans dix heures, le coup partira. Et je serai coincé. Je pense au texte évasif qui sera diffusé avec les gros moyens de l'entreprise : « Hugues Le Bret quitte le groupe pour raisons personnelles. Il est remplacé par Inès... » Curriculum vitae en bas de page et tout le tralala. Et derrière, matraquage en off sur la quantité de manquements supposés. Me décrédibiliser. Décrédibiliser le livre. Chercher la moindre erreur. L'inventer au besoin. Trouver un leurre. Le monter en épingle. Échec et mat. Je ne peux prendre le risque de laisser se dérouler ce scénario de dupes. L'idée de manipulation à mon encontre m'est insupportable. Mais je suis seul, mes moyens sont limités.

20 heures. Je décroche mon téléphone pour allumer moi-même la mèche. J'annonce au rédacteur en chef d'un grand quotidien ma démission et je l'avertis que je publie jeudi un livre sur l'affaire.

– Mon job est incompatible avec ma liberté de parole. C'est mon choix. Les résultats de Boursorama sont meilleurs que prévus. Voilà les chiffres. Il n'y a pas d'autres raisons.

Je lui promets la primeur contre un embargo sur le Web jusqu'à 7 heures du matin, et la publication dans son quotidien.

Minuit. Seul devant l'écran. Je pénètre sur la Toile. Twitter. Ce que j'ai à dire tient en plus de 140 signes. Je ferai trois gazouillis, le titre du livre est long.

00:04 AM

J'ai démissionné de Boursorama dimanche soir. Je quitte le groupe. Ma présence est incompatible avec ma liberté de parole.

00:07 AM

Je publierai un livre le 7 octobre : *La semaine où Jérôme Kerviel a failli faire sauter le système financier mondial*.

00:09 AM

Je raconterai sur Twitter les prochaines étapes.

8:02 AM

Vu dans la presse : Le patron de Boursorama démissionne http://bit.ly/b2ooKR

Le ton est donné, sans équivoque possible. Le texte est repris par l'Agence France-Presse et de nombreux fils et sites Internet. La nouvelle court, court... impossible désormais d'en tordre le sens.

Je ne prends aucun appel jusqu'au lendemain. Je tourne une courte vidéo dans les locaux de mon éditeur que je poste sur YouTube... et laisse le buzz s'épanouir.

Mardi. Promesse tenue : les « bonnes feuilles » sont en pleine page dans *Le Monde*, avec photo de la couverture du livre et un appel en une.

Le soir, j'affronte l'avocat du trader dans « Le Grand Journal » de Canal+. Dans la loge, Me Metzner me rejoint. Nous nous saluons. L'ambiance est chaleureuse, nous évitons le sujet qui fâche. Je le branche sur ses autres clients, Dominique de Villepin, Françoise Bettencourt-Meyers, etc. Il me raconte sa stratégie de défense : « C'est simple, je mens tout le temps », me dit-il, nombreux exemples à l'appui. Je lui demande s'il a lu mon livre. Il me dit que non.

Nous rejoignons le plateau de Michel Denisot. Dès la première question, Metzner prend la parole : « Dans le livre de Le Bret, page 37... » Un vrai talent. Nous nous étripons en direct. En sortant Olivier Metzner me tape sur l'épaule : « On s'est bien marrés, hein ? »

Laurent, mon éditeur, m'envoie un message dans la nuit :

Premiers échos du « Grand Journal » de bonne tonalité, tu as passé l'obstacle le plus difficile. Je t'ai trouvé à l'aise, convaincant. Offensif. Ton livre est un peu passé au second plan mais il n'a pas été endommagé du tout. Demain avec Calvi sur RTL ce sera plus confortable et plus intérieur. On a réimprimé 3 000 exemplaires et 10 000 couvertures.

Je lui réponds :
Face à Metzner je ne pouvais faire autrement, c'est un pitbull. J'espère que ce n'était pas trop offensif. C'est vrai, j'ai oublié de faire la promotion du livre, le sujet me brûle encore les tripes…

J'enchaîne les interviews, les radios ou les télévisions. L'impact médiatique est immense, il s'accélère. Laurent maintient le fil entre nous, à coups de mails et de messages.

SMS de Laurent :
Bravo pour ce marathon. L'écho média est fort. En revanche évite de parler des grandes questions générales et du G20 - :) Oblige-toi à dire au moins deux fois par interview « dans mon livre », c'est un rappel pour l'auditeur distrait, une invitation à revenir au sujet pour le journaliste et une corde de rappel pour toi. Quand tu racontes ton histoire, on ne peut que t'écouter. Quand tu discours sur l'actualité, tu n'es plus audible que pour les convaincus. Ce sont les autres qu'il faut aller chercher. Encore une belle journée pour être en vie comme disent les Irlandais, non ?

Il poursuit :
Les nouvelles des libraires sont bonnes. J'ai envie de savoir comment tu te sens. Quels sont les retours directs ?

Et plus tard :

Le livre est n° 5 des ventes sur Amazon !

Je cours d'une radio à une télévision de l'Est de Paris à Issy-les-Moulineaux au sud-ouest, guidé en temps réel par les mails et textos envoyés sur mon mobile par Laurence qui dirige le service de presse de mon éditeur. Je navigue à vue de 7 à 23 heures, enchaînant matinales et nocturnes sans visibilité sur mon emploi du temps. À l'issue de chaque rencontre, je lis mes messages, enfourche mon scooter et pars au rendez-vous suivant, comme dans un jeu de piste. Je réponds longuement à de nombreuses interviews de la presse française et internationale, trois agences viennent me photographier. Je n'éprouve aucun plaisir à tout cela et trouve pénible de me répéter vingt fois par jour. La fatigue aidant, cela commence à se voir.

Laurent sent ma lassitude, il continue de m'informer en temps réel et cherche à me stimuler :

Première offre allemande, me dit-il, d'un bon éditeur indépendant (comme nous). Pour les États-Unis, l'agent de Dan Brown, qui vient de vendre le régime Dunkan, nous a demandé une option jusqu'à lundi. On a dit oui.

Je lui réponds par un smiley.

Je me rends à la FNAC et ne trouve pas mon livre dans le magasin, je m'en inquiète auprès de Laurent, qui me répond :

Ils en avaient commandé 2 000 pour leurs 80 magasins, me dit-il, c'est déjà épuisé. Ils en ont recommandé mardi la même quantité. Je fais le point ce soir. On va pousser la machine au maximum s'il le faut. Je te tiens au courant.

L'émission de Ruquier « On n'est pas couché » sur France 2 est enregistrée dans les conditions du direct le jeudi soir au Moulin-Rouge. Je passerai en milieu d'émission, vers minuit, à l'heure où les quadras rentrent de dîner et zappent avant de se coucher. Cette émission rassemble chaque samedi soir plus de 2 millions de téléspectateurs. Réussir à en sortir par le haut est une gageure. Je suis tendu dans ma loge en regardant sur un petit écran Zemmour et Naulleau défoncer Mélenchon, le représentant du Front de gauche. Mélenchon fustige le capitalisme destructeur : la recherche de profits toujours plus élevés accélère inéluctablement l'appauvrissement et les inégalités.

Mon tour approche. Je me concentre comme jamais je ne l'ai fait. Je sais le rejet que provoquent les banquiers – j'en suis un –, je sais que mon propos va à l'encontre de l'opinion qui a pris fait et cause pour le fraudeur. Je décapsule un Coca chaud. Mélenchon sort, l'hôtesse revient. C'est à moi. Elle me guide dans des couloirs infinis. J'arrive devant le plateau. Un technicien bardé d'émetteurs et de micros me fait attendre. Puis me donne le signal. Je descends les marches. Le public se lève et applaudit mécaniquement. Je suis dans l'arène.

Ruquier est drôle. Mon stress disparaît. Ne me reste plus qu'à piloter la conversation avec Zemmour et Naulleau, je leur couperai l'herbe sous les pieds en préemptant les questions dures, je me les poserai à moi-même avant qu'ils ne le fassent. Mais c'est inutile, ils ont tous les trois globalement apprécié le livre et ne m'interviewent pas à charge. Ouf. Invité, le comédien Patrick Timsit joue au naïf, mais il ne l'est pas, il sera le plus percutant de tous.

Laurent m'appelle :

– Tu dois être lessivé. Tu as des réactions ou des indications sur l'analyse de la banque ?

– Ils commencent à trouver que j'en fais trop, ils ne s'attendaient pas à autant de bruit !

– Pourtant si tu n'étais pas là, qui les défendrait ? Tu es plus que fair-play avec eux.

– Ils ont demandé à leurs avocats de ne plus sortir parce que je faisais le job...

– Ils sont gonflés.

– Oui, j'arrête de commenter le verdict. J'ai démissionné, il faut que j'arrive à décrocher de mon ancien rôle. Je me recentre sur le livre.

Paradoxale situation où je défends publiquement l'employeur qui m'a imposé ce choix cornélien. Le pilonnage médiatique me lasse de plus en plus. Je réponds cent fois aux mêmes questions sur un sujet encore douloureux. Je voulais clore le chapitre et tourner la page. C'est l'inverse qui se passe, le livre est grand ouvert et les feuilles des mauvais souvenirs défilent à l'envers. Je sais que dans dix jours tout sera terminé, l'actualité tourne tellement vite. Je ne tiens ce rythme effréné de sept à huit interviews par jour pendant deux semaines qu'avec un jogging de décompression pendant la nuit. Je sais qu'il faut que je tienne. Je mange peu par manque d'envie et de temps. En réalité, j'en ai assez. Je dis à mon éditeur que j'arrête la promo. Le job me semble fait, le flop est évité. J'ai besoin de passer à autre chose.

Laurent m'envoie un texto :

Le libraire de mon quartier pensait vendre deux livres en tout, il en a déjà vendu quinze. On a déjà imprimé 47 000 exemplaires en trois semaines. Un quatrième tirage de 10 000 est lancé demain. Ton livre est n° 4 des ventes de documents dans *L'Express* de la semaine prochaine.

Jean-Martin F., administrateur de la banque, me passe un coup de fil :

– Je voulais vous féliciter, j'ai compris la force du livre lorsque ma femme me l'a arraché des mains et l'a dévoré en une nuit...

Beaucoup d'hommes me reprocheront par la suite d'avoir ainsi passé plusieurs nuits avec leur compagne... Je repense à la phrase de Christine Lagarde, qui, dans une interview sur la chaîne américaine ABC, avait commenté la conduite des affaires par les femmes : « Elles injectent moins de libido et de testostérone dans l'équation, elles mettent moins d'ego en jeu dans leurs décisions. » Quelques semaines avant, elle avait souligné dans *La Tribune* que la sphère financière était peuplée d'une « grande majorité de paires de pantalon », ce qui – selon elle – n'avait pas été étranger à la crise. S'il y avait plus de femmes au comité exécutif de la banque, serais-je encore banquier ?

Au Salon du livre de Francfort, un éditeur de Munich achète les droits ; 10 000 exemplaires sont prévus pour janvier. Un groupe de presse chinois fait de même, le livre y sortira beaucoup plus tard. Les Anglais refusent, aucun livre français traitant de finance n'a marché outre-Manche... La City a toujours méprisé la place financière de Paris. Le contact de mon éditeur dira aussi : « Aucun des personnages y figurant, mis à part Sarkozy, dont tout le monde se fout, n'est connu chez nous... »

Je reçois près de un millier de courriels, la plupart provenant d'inconnus qui trouvent mon adresse par Twitter ou LinkedIn, dont plus du tiers sont des collaborateurs de la banque. À ma grande surprise, chacun me raconte comment il a vécu cette période, avec autant de détails que de violence et d'émotion. Ils ont besoin d'en parler, d'évacuer.

Comme dans chaque crise, les dirigeants n'ont pas su clore le chapitre. Ils se trompent en accélérant le retour à la normale, ils veulent passer à autre chose, rapidement, se focaliser sur la phrase magique « *back to business* » et laissent le traumatisme intact. Il faut savoir faire le deuil, parler, écouter, reconstruire ensemble, en prenant le temps du dialogue. Long terme et empathie sont les deux facteurs de succès qui manquent le plus à une entreprise cotée. Tout le monde a un droit d'analyse et d'information. On ne peut reconstruire que sur cette base.

Mon téléphone est en mode avion lorsque je suis sur les plateaux. En sortant de « Mots croisés » sur France 2, je vois un message du nouveau président de la banque s'afficher. Je glisse mon doigt sur son nom et entends sa voix familière : « Écoute juste pour te dire que je voulais vraiment te remercier d'être bien sûr en ligne avec ce que tu m'avais dit, je n'en doutais pas, mais absolument réglo, euh, merci pour tes paroles sympathiques en ce qui me concernait et puis, euh, et ben voilà, écoute, je te laisse poursuivre ton travail de promotion de ton livre dans un contexte évidement médiatique un peu particulier. Voilà, merci beaucoup. Au revoir. »

Je repense au pistolet sur ma tempe. Ces propos ne sont qu'une manœuvre de plus. Il tente maladroitement de calmer le jeu. Sa voix manque d'assurance, de sincérité. Rien n'est gratuit chez lui. Il cherche à se préserver de mes éventuels coups de griffe. De quoi a-t-il peur ? Je n'ai jamais envisagé de déstabiliser la banque, bien au contraire. J'ai trop de respect pour ses collaborateurs.

Me voici dehors, face à l'inconnu.

J'essaie de rester positif. Le choix cornélien qui m'a été imposé va me permettre de revoir la vie en couleur. J'ai été suffisamment longtemps aveuglé. L'envie de simplicité balaie tout le reste. Je préfère un jambon-beurre-cornichons sur le zinc à un repas servi par des maîtres d'hôtel au 36e étage d'une tour de la Défense. Dîner en famille est plus important que vérifier à l'infini les cases de tableurs Excel.

La page est tournée.

Pour la banque, ce n'est pas fini. Après le premier jugement, il y a aura l'appel et une campagne médiatique orchestrée par la « défense de rupture » du fraudeur, avant trois semaines de tribunal. Trois semaines de destruction de réputation pour la banque. Puis le nouveau jugement, deux mois plus tard. Encore quinze jours pitoyables pour l'image.

Jérôme Kerviel sera condamné de nouveau, l'introduction de données frauduleuses dans un système automatisé est matérielle. La production et l'usage de faux aussi. Après, ce sera la cour de cassation. Les juges n'oseront pas le mandat de dépôt. Dix-huit mois de plus de virginité en attendant le nouveau verdict. Rien de mieux pour se blanchir devant l'opinion... Et salir la banque encore et encore. Qui ira au front à chacune de ces étapes pour contrebalancer publiquement ce désastre ?

Ce ne sera plus moi.

Un sondage de mars 2013 montrera que la banque numéro un en image en 2007... est durablement passée dernière, toutes catégories confondues. Belle stratégie que celle de l'autruche ! Assumer, se montrer, se battre, c'est ainsi que l'on marque des points. Il n'y a pas d'autre méthode.

AMORÇAGE

À peine sa boutique bio ouverte à Alfortville, Heddi tombe malade. L'homme de 43 ans commence à prendre du ventre, à ne plus contrôler ses douleurs à l'estomac. Il s'inquiète. Il prend rendez-vous pour une IRM. Ryad, très inquiet, accompagne son père. Ils attendent le verdict. Le professeur revient, c'est juste un « problème de péritoine », la membrane séreuse qui tapisse l'abdomen, annonce-t-il sur un air rassurant devant l'enfant. Ce n'est pas grave. Heddi en pleure. Ryad comprend que son père a eu peur. Mais le roc de la famille ne peut pas s'effriter. Heddi est éternel. Des prélèvements sont faits.

Le verdict définitif arrive quelques semaines plus tard. La maladie s'avère être beaucoup plus grave. C'est un sarcome de 7 kilos. Pour la famille, c'est une tragédie. Heddi est admis à l'hôpital Henri-Mondor de Créteil. Il sait très vite que son cancer est incurable. Il y restera trois ans, avec quelques passages à domicile, mais trop rares et courts. Les médecins prolongent sa vie en l'ouvrant de temps en temps, mais le crabe prospère sans fin. Ryad suit une formation pour effectuer les piqûres de morphine et devient l'infirmier temporaire de son père quand Heddi a l'autorisation de rentrer chez lui. Il est balafré de partout, la tumeur se propage. Les chirurgiens la taillent au fur et à mesure. Le pas-de-porte du commerce est vendu au rabais. La famille devra faire avec le petit salaire de Sakina, dont le contrat est renouvelé pour une durée de trois mois seulement. La vie devient vraiment raide.

Pour son anniversaire, Ryad demande le survêtement Adidas Challenger que tout le monde a dans sa classe. Il n'en connaît pas le prix. C'est impossible à payer. Sa mère lui propose une imitation trouvée sur le marché, dix fois moins chère. Ryad la refuse. Un sentiment d'insécurité plane sur la famille. Inutile de parler de ce qui n'est pas essentiel. Ryad devient vite plus musclé que son père, qui fond à vue d'œil. Il ne veut pas y croire, son père est et doit rester invincible. Ryad va très souvent à Créteil, à vélo. Ils ne parlent jamais de la mort.

Les copains s'habillent en Chevignon, Ryad, lui, doit exister par autre chose. Il affirme de plus en plus son caractère. Il passe outre les petites vannes sur ses tenues et son physique. Ryad décide alors de toujours rester lui-même, de ne jamais chercher à être un autre, les fringues, le superficiel, il s'en foutra désormais, toujours. Il se dessèche un peu, il ne prend plus rien pour argent comptant et se fait une opinion sur tout par lui-même. Il écoute beaucoup, mais décide seul ce qu'il pense. Il n'est plus l'enfant sage d'accord avec tout le monde. Il commence à avoir ses propres certitudes.

Pour fuir le mal, il s'engouffre dans les manuels de technologie et forge encore son caractère. Il copie les cartes téléphoniques des cabines de France Télécom. Comme il ne peut les craquer, il les réinvente. Il repère les signaux, les enregistre, analyse, et reproduit. Il fixe sur un bout de plastique les broches sur lesquelles il a placé un connecteur, il effectue les montages électroniques. Et les donne à ses amis. Un jour, il se trompe, commet un bug et arrive à créditer une carte de 420 unités alors que le maximum était à 120, pour le bonheur d'un ami dont la petite copine est italienne. Lui, n'a personne à qui téléphoner...

En 1988, Sakina est titularisée à l'université de Créteil.

Quand Ryad est en seconde, ses parents se battent pour qu'il aille au lycée Eugène-Delacroix de Maisons-Alfort, dont le niveau est supérieur à celui d'Alfortville. Ryad y découvre un monde huppé, des élèves beaucoup plus matures que lui, à l'éducation policée. Il est en décalage complet, de lieu, de niveau, de milieu social. Ses notes passent de 18 à 6. Ryad découvre avec stupeur qu'il n'était qu'un borgne parmi les aveugles. Il repart de zéro.

La maladie d'Heddi s'aggrave. Tout le monde essaie de préparer Ryad à son départ. Sentant la fin arriver, son père lui demande de passer le voir. Il lui dit : « Si un jour quelque chose ne va pas pour toi, mets-toi dans un coin et demande-toi comment j'aurais, moi, réagi devant ce problème… » En même temps, il tente de le ménager et lui annonce son retour prochain à la maison… Heddi n'arrive pas à affronter le regard de son fils. Pour la première fois de sa vie, la conversation avec son père n'est pas totalement franche.

Le 8 avril 1989, les infirmières appellent Ryad et lui demande de passer à Créteil. Elles pleurent quand il arrive avec sa sœur. Sakina est déjà là. Ryad se bat pour avoir le droit de voir son père. On l'empêche, il se précipite. C'est la fin. Il en veut à la vie, à sa mère, à tout le monde. Un gouffre s'ouvre aussitôt sous ses pieds.

Ryad se retrouve seul avec sa mère, sa tante et ses sœurs. Il est maintenant l'homme de la famille. C'est trop lourd pour lui. II ne veut pas assumer le rôle du pilier. Il a trop mal. Il est trop jeune.

Ryad devient cynique et désabusé. Il a l'impression de vivre en sursis. Son passage en première S est fastidieux. Il ne bricole plus et se met à sortir le soir, l'autorité paternelle n'est plus là. Il s'enivre de gens, de nouvelles relations, d'alcool. Il profite mal de cette fausse liberté. Il se met à refuser le contact et l'amour de Sakina. Il se réfugie de plus en plus chez deux copains, un Arménien et un Italien. Dans ces communautés, le mot « famille » est très puissant, Ryad y cherche ce qu'il n'a plus chez lui. Il est odieux avec sa mère, lui parle à peine. Sakina serre les dents, elle assure dans son travail à Créteil. Ryad s'engueule beaucoup avec ses sœurs, l'aînée décide de quitter la maison et part avec son compagnon. La douleur l'envahit, la bombe à retardement qui était restée cachée dans le petit garçon timide explose.

Dehors, il cache sa tristesse. Il triche avec ses copains, il joue au petit caïd. Il se comporte mal avec les filles et éprouve même un plaisir amer à les larguer après les avoir séduites : « paie pour moi » pense-t-il. Il se venge. Il fréquente des gens de plus en plus louches, provoque des bagarres, éclate les pare-brise de quelques voitures, participe à un vol. Il rejoint une bande, côtoie des voyous et devient redevable de leur amitié envahissante. Il ne s'aime pas. Il fume beaucoup, des clopes et des pétards. Il boit beaucoup... Il cherche la défonce, prend des tranquillisants, se gave de Lexomil pour se calmer. « Ne crains rien, ça va simplement t'aider à te relaxer... », lui disent ses nouveaux amis, qui, eux, consomment des drogues dures.

Mais Ryad n'est pas fier. Alors il se fixe une limite, celle de la « défonce légale ». Pas de drogue, pas de racket, pas de vols de personnes. Ses « amis » sont déscolarisés, ils n'ont rien d'autre que leurs propres règles, leur code d'honneur... et aucun avenir. Leur terrain de jeux, c'est la rue. Il se rassure avec eux. Leur présence virile occupe son temps et son esprit troublé.

Au fond de lui, il sait que c'est « foireux ». Cette fuite ne mène à rien. Il se pose de plus en plus de questions sur son avenir. Ryad n'est pas encore complètement tombé de l'autre côté, contrairement à ses potes, un élastique le retient encore, celui de l'école. L'ombre d'Heddi plane toujours sur ce point, l'exigence des études agit comme un aiguillon. Ryad passe son bac sans éclats, sauvé par d'excellentes notes en maths et en physique, tout le reste est « pourri ».

La bande de la rue sent que Ryad est différent, il a encore ses chances, lui, il n'est pas encore complètement foutu... Il n'est pas tout à fait comme eux. Leur vie, c'est la galère. Ryad a son bac, ce qui le place à des années-lumière d'eux. Ils ont un code de l'honneur, non écrit, qui les pousse à aider Ryad... Un soir, ils lui disent : « Toi, tu n'es pas encore niqué.

Ne reste pas avec nous, tu finiras mal... » Ce sont eux qui l'expulsent, à contrecœur. Ryad mérite mieux que la tôle.

Trois jours avant la rentrée de septembre, Sakina réussit à organiser une rencontre entre Ryad et le directeur de l'Institut universitaire de technologie de Créteil. Celui-ci fait une exception, il connaît la situation familiale, et l'inscrit *in extremis*. Passe-droit complet... Ryad s'investit à fond dans la vie de l'IUT, passionné par la technologie. Il reprend un peu goût à la vie, tombe amoureux, recrée un peu le lien avec sa mère, avec pudeur. Il ne s'autorise aucun autre loisir. Deux ans plus tard, il sort major.

Les plateaux de télévision et les talks des radios du matin sont loin. La dynamique des ventes s'arrête. La carrière du livre est faite. Éditeur, médias, banquiers, amis, famille... sont passés à autre chose.

Je réfléchis à un nom pour ma société. Je connais la difficulté de cet exercice pour avoir géré pendant dix ans les 3 000 marques de mon ancien employeur. Je sais que tous les noms qui ont un sens, tous ceux qui proviennent du latin ou du grec, tous ceux qui font partie de l'imaginaire public, sont déjà déposés.

Je choisis de jouer avec mes initiales, comme Georges Rémi (GR), qui avait adopté le nom d'artiste Hergé (RG). Achèle (HL) est un clin d'œil à mon amour de la bande dessinée. Je fais travailler un jeune neveu graphiste et lui demande d'y adjoindre un cygne, en référence à l'essai de Nassim Nicholas Taleb, *Le Cygne noir*, pour qui l'esprit humain n'envisage comme possible que ce qu'il connaît et donc se persuade que tous les cygnes sont blancs justement parce qu'il ne connaît que cela. Or la répétition d'un phénomène n'est pas un gage de prédiction du futur. C'est là l'erreur de tous les modèles bancaires et de tous les régulateurs. Ce que l'on ne connaît pas, qui est inimaginable, a potentiellement beaucoup plus d'impact sur notre vie, lorsque l'événement survient, que ce que l'on sait prévoir. Les autorités devraient plus s'intéresser aux facteurs de risques humains qu'aux « stress tests » théoriques. Le cygne n'est plus noir, mais rouge comme un soleil levant. Il vole vers l'avenir avec sérénité. Il a su surmonter les crises.

Un ami avocat à qui j'avais ouvert de nombreuses portes me fait présenter par une jeune collaboratrice les squelettes de statuts qu'il a en magasin. Je choisis la simplicité de la société par actions simplifiée (SAS). Un seul actionnaire suffit. Pas de conseil d'administration. Le bonheur. J'ouvre le compte de ma nouvelle entreprise à la Société générale et y dépose le capital initial. Les juristes déposent les statuts et enregistrent la marque. L'exercice complet me prend moins de deux heures et me coûte 2 000 euros.

Un autre proche me suggère de m'appuyer sur Marie-Florence, jolie femme, la cinquantaine, toujours impeccable et enthousiaste. Elle me propose un forfait pour me conseiller sur la stratégie financière, sociale et fiscale d'Achèle. Son assistante me débarrassera aussi de toutes les tracasseries administratives : facturation, comptabilité, déclarations et télérèglements TVA, etc. Elle est passionnée par ceux qu'elle appelle avec émerveillement « mes entrepreneurs » : des gamins de la génération Y, un ancien ministre de la Culture, une top model qui a su ériger son nom en marque ou, plus souvent, des quinquas qui doivent s'inventer une nouvelle vie professionnelle, choisie ou non... plus ou moins angoissés. Comme elle, il y a quelques années, après un beau parcours dans les relations humaines de grands groupes. Elle en bichonne ainsi une vingtaine, avec tendresse et admiration. Et leur rend la vie meilleure.

Des deux amis qui m'avaient laissé entrevoir un contrat de conseil, il n'en reste qu'un. La négociation des honoraires avec Stanislas est âpre, ce qui ne me choque pas. J'aurai la moitié de ce que j'attendais et finalement à partir de mars prochain, et non de janvier, crise oblige... J'ai encore du pain sur la planche.

Stanislas de Bentzmann est vice-président de Croissance Plus, l'association que nous avions lancée avec Denis Payre et huit autres entrepreneurs en 1997. Stanislas avait créé Devoteam avec son frère Geoffroy au milieu des années 1990, au moment où j'ai créé ma première entreprise.

Quatre ans plus tard, juste avant l'éclatement la bulle Internet, il m'avait appelé pour m'annoncer son introduction en Bourse. J'avais effectué cette mission pour lui, ce qui avait renforcé nos liens. La valeur de l'entreprise avait explosé en quelques semaines parce que sa société de conseil en informatique était spécialiste des réseaux télécom et des nouvelles technologies de l'information et de la communication. Puis le ballon de baudruche des valorisations boursières s'était dégonflé rapidement.

Stanislas avait montré beaucoup d'obstination pour continuer à se développer dans un univers de concurrence exacerbée. Je le voyais régulièrement pendant mes dix années passées au comité exécutif de la Société générale, pour commenter les évolutions technologiques et lui donner la vision macroéconomique de la banque, ce qui l'aidait à anticiper dans ses budgets et ses projets de développement. Après la crise financière, la crise économique. Tous ses clients serraient les vis, notamment dans la grande distribution, la finance, les télécommunications et l'automobile. Tout partait de travers. Le taux de marge de son entreprise en souffrait. Le taux d'occupation de ses 5 000 collaborateurs risquait de se relâcher.

Nous décidons de travailler sur un plan stratégique à cinq ans. Cela me prendra deux grosses réunions par semaine. C'est un début.

Jouve, un chasseur de têtes, m'appelle :

– J'ai une proposition à vous faire. Vous êtes exactement la personne qu'il nous faut.

– C'est quoi ?

– Je ne veux pas vous le dire au téléphone.

Nous prenons rendez-vous la semaine suivante. Je regarde sur le Net ses principaux clients et je devine aussitôt le sujet.

Je me connecte sur pole-emploi.fr. L'accueil est clair. Munissez-vous de votre numéro de sécurité sociale (carte Vitale), de votre CV (curriculum vitae) et d'un RIB (relevé d'identité bancaire). Vous pouvez à tout moment enregistrer un brouillon dans votre espace personnel et reprendre votre saisie ultérieurement. Je me demande comment font ceux qui n'ont pas de RIB...

Je m'enregistre en ligne. Contre toute attente, le site est clair et simple. Je dois arrêter d'avoir des préjugés. En dix minutes, je crée mon espace et remplis les données. Je reçois un mail de confirmation dans la foulée, je serai convoqué à un entretien dans quelques jours. J'irai à bicyclette. La *first class* est un vieux souvenir. Les bureaux capitonnés aussi. Je suis tombé de mon nuage. Sur le goudron humide de Paris.

Que peut faire un ex-patron de banque, seul dans la jungle de la ville ? Cachetonner de maigres honoraires avec un seul client pour payer les frais de structure de son entreprise et compter sur Pôle emploi pour nourrir sa famille en attendant de remettre le pied à l'étrier. Fuir la superficialité du monde de la communication. Faire un bras d'honneur aux ploutocrates de la finance arrogante. Tout cela, oui. Mais pour aller où ?

Je rêve de calme, d'amitié, de nature, de culture.

Je n'ai pas la tête à lire, à me balader, ni à jouir de la vie. Je m'aperçois très vite que j'ai troqué mes contraintes de patron contre un énorme nœud au ventre, qui m'accapare totalement. Je l'avais vécu lorsque j'avais 30 ans, avec ma première entreprise. Proche de la cinquantaine maintenant, il me faut chercher beaucoup plus profond pour trouver l'énergie. C'est beaucoup plus dur. La perte de statut est un handicap. L'image de patron déchu est peu séduisante. Celle de patron démissionnaire pour un livre non autorisé est carrément déroutante. Et puis le sang coule moins vite dans les veines.

Calme, amitié, nature, culture... J'avais oublié que cela rimait avec gros job et compte en banque rempli. Je dois tout reconstruire. Mon esprit est occupé ailleurs. Tout me semble dérisoire.

Denis, mon ex-adjoint, m'appelle.

– J'ai reçu un appel du cabinet Spencer Stuart, m'annonce-t-il, pour le job de directeur de la communication du Crédit agricole. J'en rêve. Il faut que tu m'aides.

Originaire de Limoges où il a fait ses études, Denis a commencé sa carrière au service communication embryonnaire d'une filiale du Crédit du Nord. Il a progressé rapidement et s'est vite occupé de relations avec les médias au siège, avant d'être débauché par le groupe Accor pour un poste équivalent. Au bout de quelque temps, il tournait en rond. Je l'ai fait revenir dans la banque, à la Défense cette fois, et je lui ai confié le pôle institutionnel et interne. Plein d'allant, simple, disponible, très ouvert et créatif, il est en permanence à la recherche des meilleures pratiques, il participe à beaucoup de rencontres de spécialistes et s'investit dans les associations et les syndicats professionnels. Son comportement pendant la crise a été irréprochable. Il diffusait sa bonne humeur et prenait toute sa part et davantage encore pour faire avancer les dossiers, malgré le stress. J'ai toujours pu compter sur lui. Je sais par ailleurs que la nouvelle équipe ne reconnaît pas ses talents. Je l'aiderai autant que je peux.

– OK. Donne-leur mon numéro de portable. T'inquiète. Je vais te tailler un costard sur mesure.

Trois grands groupes de communication me font des offres. Edelman, le numéro un américain des relations publiques, cherche un patron Europe. Aegis, grosse centrale de conseil médias me verrait bien mettre de l'ordre dans sa gouvernance française. Maurice Lévy envisage plusieurs pistes dans son groupe. J'avais travaillé trois ans avec lui au début de ma carrière. Nous avons toujours gardé un lien. Je ne fais pas la fine bouche, mais je refuse tout. Je viens de faire le choix de la liberté, je n'accepte pas l'idée de la perdre aussi vite. Je veux me donner une chance et tenter mon destin jusqu'au bout. J'ai soif de découvertes. Toutes ces propositions correspondent à mon passé. Je ne veux pas redoubler, mais avancer. Et découvrir ce que l'inconnu me réserve.

Je vais payer cher ce rêve.

Je me déplace en deux-roues. L'hiver est froid à Paris. Je prends de nombreux cafés pour me réchauffer entre deux contacts, je n'ai pas de bureau fixe. Meeting un matin sur deux au troquet avec quelques-uns de mes ex-interlocuteurs. Je m'arrête souvent au Murat, point d'entrée de Paris par la porte d'Auteuil, à un quart d'heure de chez moi par l'autoroute A13. Tartines beurrées et double express. Trop peu d'activité. J'enchaîne les coups de fil. Peu me répondent. Dirigeants de banques, directeurs de la communication, agences conseil, médias et autres consultants m'évitent.

Seuls certains téméraires m'écoutent. Puis nous nous séparons. Sans lendemains.

Le Murat, porte d'Auteuil, à l'angle du boulevard qui porte le nom du maréchal d'Empire et de celui d'Exelmans. Le restaurant fait la jointure entre Boulogne-Billancourt et Paris, entre le XVe arrondissement, Issy-les-Moulineaux et le XVIe sud. L'emplacement est stratégique, au cœur de la dynamique des nouveaux sièges sociaux de Bouygues Télécom, Microsoft, Bull, Carrefour ou Renault, mais surtout au centre du triangle TF1-France Télévisions-Canal+, à deux encablures de BFM TV et de RMC. Je l'ai beaucoup fréquenté du temps où je dirigeais Boursorama Banque, sur les bords de Seine, à trois pas.

C'est la seule ruche affairée dans un rayon de trois kilomètres. Bienvenue dans le temple du petit déjeuner d'affaires : entrepreneurs de la nouvelle économie, résidents de la Villa Molitor, cadres des télécoms et de la communication, et parfois, quand ils osent sortir de leur ghetto, résidents de la Villa Montmorency, le parc privé des plus gros hôtels particuliers de Paris. Un lieu stratégique pour se montrer, mort après 23 heures, évidemment. L'ambiance est feutrée, les couleurs ambrées, la musique suave. Les stars du petit écran sont toutes vêtues de noir et côtoient les dirigeants des boîtes de production et agences de publicité adjacentes,

Éléphant & Cie, Capa TV, TBWA, BBDO, Nurun et tous les autres.

Seul havre de paix entre la froideur de Boulogne, le bruit du périphérique, le goudron des Maréchaux et le béton d'Issy, Le Murat livre une ambiance qui évoque les cafés Costes, avec un peu de charme en plus, la déco ne semble pas avoir été faite par Jacques Garcia. Carte faussement thaïe, la même que celle de Thiou, La Grande Armée à l'Étoile ou La Société à Saint-Germain-des-Prés. Bouffe industrialisée relevée de saveurs semi-exotiques ; hôtesses vêtues du même anthracite que leurs hôtes, épaules dégagées, plateaux ronds, nickel brut ; serveurs costumés, chemises blanches comme les napperons des tables, cravates fines ; velours côtelé encre de seiche, rideaux épais, sièges bas, lumière sombre ; tables de bois ébène, rondes et carrées en alternance, fauteuils molletonnés, rideaux moirés taupe et framboise, murs en troncs de bouleaux agglomérés, tentures et verrières, on s'y croise, regards complices. Strict et *trendy*. Rigueur, dynamisme et sourires carnassiers. Service rapide et efficace.

Tartines beurrées pour moi le matin, jus de fruits, expresso, sinon rien. « Tigre qui pleure », crevettes thaïe le midi, frites, haricots verts, sucrines et verres de blanc. Les filles sont jolies. Le café, cher. Les croissants, chauds. Les fruits, frais. Les publicitaires, en chemises blanches. Le chocolat, lourd.

Les acteurs, habillés comme dans Matrix. Les tables, occupées. Les affaires, tourbillonnantes. Les présentatrices, démaquillées. La valse commence à 8 heures. Et se termine au cœur de la nuit. On s'y parle. On s'y croise d'une table à l'autre. On se salue. Chacun se quitte, l'air affairé. Le regard en coin. On y est vu.

Souvent, j'ai une heure de battement entre deux contacts. Alors je traîne dans d'autres bars au centre de Paris. Quand il fait très froid, je vais me réchauffer dans les serres d'Auteuil, au milieu de la végétation tropicale. J'y tapote sur mon iPhone au milieu des cris d'oiseaux.

Ainsi passe le temps, sans rien de concret.

Le 7 décembre, je suis invité de nouveau à RTL pour commenter l'opération « Retirons notre argent des banques ! » lancée par l'ancien footballeur Éric Cantona. La date approche. Cantona avait donné une interview à Presse Océan, début octobre : « La révolution, aujourd'hui, se fait dans les banques : tu vas à la banque de ton village et tu retires ton argent. Et s'il y avait 20 millions de gens qui retirent leur argent, le système s'écroule. Pas d'armes, pas de sang, rien du tout, à la Spaggiari. » Un groupe Facebook l'avait vite pris au mot et avait fixé cette date fatidique... Près de 35 000 personnes s'étaient engagées en ligne à retirer leurs économies ce jour-là...

Aucun journaliste n'y croit une demi-seconde. Ce n'est pas grave, les journaux font mine de s'inquiéter. Cela fait du buzz... Je sais qu'il n'y aura pas le moindre mètre de queue devant les agences, il n'existe aucune solution alternative pour les particuliers qui retireraient leur cash. Aucun banquier ne souhaite commenter cet « événement », je m'y colle sur RTL le jour J en prenant cette « info » à la légère. Les journalistes des chaînes d'information feront le pied de grue toute la journée en Normandie, devant le guichet de l'ancien attaquant de Manchester... en vain. Quoi qu'il fît, il était piégé. Soit il venait retirer quelques billets et il apparaissait comme un menteur. Soit il sortait de très gros sacs remplis de son argent et... Et quoi d'ailleurs ? Il s'engouffrait dans une voiture blindée ? Il distribuait tout dans la rue ? Il allait faire ses courses avec ? Cette aventure de pieds nickelés n'aura finalement eu d'autre effet que de montrer au pays entier... l'utilité des banques ! Et la vacuité de l'information.

Après l'interview, je prends un café-viennoiseries dans la salle adjacente au studio. Nous refaisons le monde avec les journalistes économiques de la station de la rue Bayard. Guillaume A. nous rejoint. Il s'occupe de la société IP, la régie publicitaire des radios du groupe. J'étais l'un de ses grands clients. Une société Internet cherche un conseil en e-marketing. Il me passe le numéro du président.

Dehors, une queue de trente mètres avance au goutte-à-goutte pour participer à l'enregistrement des « Grosses Têtes » de Philippe Bouvard. Après lui avoir demandé de partir, la station l'a vite supplié de revenir. Ce ne sera pas le cas pour moi.

Je me rends à pied chez Jouve, le chasseur de têtes, et lui annonce d'entrée :

– J'espère que vous ne me contactez pas pour le poste de directeur de la communication de PPR ? Cela fait près de un an qu'ils n'arrivent pas à trouver la personne qui remplacera Claude Chirac, démissionnaire.

– Si.

– Cela ne m'intéresse pas, j'ai fait ce job pendant dix ans, j'en ai fait le tour...

– Ce n'est pas une question d'argent. Ils paieront ce qu'il faut...

– Tant mieux pour le futur lauréat.

– Qui verriez-vous à ce poste ? Il faut être bilingue.

– Je n'en vois qu'une, Louise B., mon ex-adjointe. Elle avait un poste global, avec équipes à Londres, Hong Kong et New York, elle est à moitié irlandaise.

En sortant je laisse un message à Louise pour qu'elle se prépare au coup de fil.

Le temps passe. Aucun contact ne se transforme. Je n'arrive pas à enclencher de nouveaux contrats. Tous me raccompagnent délicatement. Les mots sont aimables, le ton condescendant, les regards, fuyants. C'est la débandade... avec des phrases d'encouragements.

Je déjeune au siège d'une grande banque mutualiste proche de la Bibliothèque François-Mitterrand. Mon interlocuteur en est le directeur de la communication, il était auparavant consultant dans une agence de relations presse que j'avais fait travailler. Quand il était rédacteur en chef économique d'un grand quotidien du matin, il avait écrit de nombreux livres d'interviews de personnalités. Il me dit que son président désapprouve mon livre et que nous ne pourrons travailler ensemble...

– L'a-t-il lu ?

– Non, sa position est sur le principe. Quand il a vu que tu publiais, sa réaction immédiate, il m'a dit en rigolant : « J'espère que tu n'écriras pas de livre. »

– S'il se fait honteusement dégager un jour et que tu trouves cela injuste, j'espère que tu auras le courage d'écrire quelque chose.

– Uniquement s'il le mérite...

En sortant, je croise ce président dans le couloir par hasard. Ancien élève de l'École nationale d'administration, promotion Jean-Monnet, major, puis Inspection générale des finances. Les journalistes l'aiment bien pour son talent d'imitateur, notamment de Nicolas Sarkozy, son ancien employeur à l'Élysée, gestuelle comprise, mais le trouvent très langue de bois ou plat pour le reste. Ma tête lui dit quelque chose.

Il me serre la main avec un grand sourire. Je me présente. Il s'éclipse vite.

J'appelle l'administrateur catalan de Boursorama, celui qui me trouvait grand lors du dernier conseil d'administration. Il dirige les opérations du plus grand mutualiste espagnol. J'espère décrocher une mission sur la France. Je lui proposerai plusieurs pistes. Il m'invite à dîner chez lui.

Marc Viénot, l'antépénultième président de la Société générale me convie chez Dessirier, la brasserie de Michel Rostang, place Pereire, réputée pur ses « produits de la mer ». Il m'accueille d'un « Monsieur le grand communicant » en écartant les deux bras d'octogénaire jusqu'au ciel, comme chaque fois que je le croisais dans les tours où il déjeunait souvent seul à la cantine en lisant *Libération*. Il prend un verre de blanc en apéritif, faute de xérès papirosa, son préféré. Il déploie d'entrée un humour très british. Il commente mon livre de quelques phrases fines et toutes à double sens, puis me raconte l'organisation de sa succession en 1997. Je comprends beaucoup de choses sur la relation entre les deux ex-mandataires sociaux de la banque. Ce dysfonctionnement avait considérablement compliqué la gestion de la crise. Le conseil d'administration n'avait pas fait son boulot. Marc regrette de ne plus être administrateur. Auteur du premier rapport sur la gouvernance, il sait que les principales failles resteront humaines. Je lui raconte l'engrenage de ma sortie du groupe, je le vois réfléchir à la réaction qu'il aurait eue, lui président. Il me jette un regard malicieux et me dit :

– Je n'aurais pas réagi comme un perdreau de l'année...

Je prends cette phrase dans le sens qui m'arrange, comme un désaveu de son successeur.

Vive le *low cost* ! 65 euros pour aller en avion à Barcelone un mardi en milieu de journée. Tout en ligne, pas d'option première rangée, bagages, assurance, location auto ou réservation d'hôtel. C'est fait en dix clics.

Picasso, Miró, le quartier gothique. Le port. Je visite aussi la Sagrada Família. Avant, j'étais débordé, maintenant, je n'ai plus rien à foutre. Je traîne en ville en attendant un dîner de prospection. Les vitraux de la cathédrale sont magnifiques. C'est là que Spencer m'appelle. Je passe une heure au téléphone avec le chasseur en déambulant au cœur de l'œuvre de Gaudí. Il commence par me demander si je suis intéressé par le job. Je dis que non. Je taille un costard élogieux à mon ancien adjoint sous les vitraux. Les rouges sont détonants. Ses oreilles doivent siffler. Jeux de lumière mis à part, je ne vois pas pourquoi on fait tout un plat de cette cathédrale en travaux éternels. La vue des toits est moche.

Dîner à l'heure française. Très bon restaurant au centre-ville. Ambiance business. Le Catalan me dit qu'il ne peut pas me mandater pour le moment, la crise est là. Je rentre. À Paris, j'étais grand... Mais pas assez pour lui.

En attendant de grandir encore, je meuble mon temps sans le structurer.

Je gribouille sur le site de Challenges, un blog – Cactus, l'actu des astuces du Cac – à la demande du rédacteur en chef qui veut dynamiser l'audience web du magazine.

Je donne des conférences sur mon livre dans toutes sortes d'associations et de réunions, souvent sérieuses, parfois ubuesques. Congrès d'avocats américains, syndicats professionnels, petits clubs de clones, comités exécutifs de groupes cotés, mini-cercles de réflexion, associations d'entrepreneurs ou de journalistes, écoles de management, master class ou conventions de cadres. C'est fou le nombre de rencontres sans lendemains que l'on peut faire. Tout cela gratuitement, je ne demande rien. Il faut que j'arrête, cette histoire me sort par les trous de nez.

Je contrebalance par ces quelques activités ponctuelles des semaines de silence macabre. Pour le reste, mon téléphone est sourd-muet. Ma boîte mail, statique.

Je m'appelle Hugues. J'ai créé mon entreprise, Achèle, après que mon ancien employeur a refusé la publication de mon ouvrage sur les liaisons dangereuses entre la banque et les activités de marché. Je n'ai pas accepté la censure. J'ai démissionné. Aujourd'hui, je suis tout nu dans la rue.

Petit déjeuner au Murat avec la société de jeux en ligne. Je lui déplie la stratégie d'une société Internet qui veut recruter ses parieurs par milliers. J'insiste sur la dynamique des contenus sur le portail d'informations et le travail de la marque couplé avec les stratégies de campagnes en ligne : *split testing, trigger marketing,* ciblage, référencements naturels et payants, etc. Il écoute, prend des notes, me raconte son aventure depuis Malte, son lobbying à Bruxelles depuis des années pour faire avancer la législation française, ses projets d'implanter ici ses équipes maintenant que le cadre est fixé, ses ambitions commerciales.

Seul problème, les deux activités que j'aime le moins au monde sont le crédit à la consommation et la loterie, les deux principales machines à tondre les pauvres. Pourquoi ai-je accepté ce rendez-vous ? Ah, oui, il faut que je regagne ma vie...

Mon plan consiste dans un premier temps à effectuer des missions de conseil pendant quelques semestres, histoire de faire le relais, puis de construire un projet plus ambitieux, où j'investirai les honoraires perçus dans quelque chose de vraiment utile. J'ai plusieurs pistes en tête, mais je dois d'abord générer des revenus.

Je relance tout mon carnet d'adresses. Des mots aimables, des rencontres, mais rien de probant. Il fait froid à Paris. Dehors, la fontaine de l'Amour, L'éveil à la vie, une taille directe de Raoul Lamourdedieu, est totalement gelée, des stalactites géantes jaillissent des muses et forment un champ d'épées hostiles. Amour gelé et vie figée, on est loin de la Douce France qui réunissait dans les années 1930 les adeptes de la liberté d'agir.

Tous mes contacts y passent. Rien. Je ne peux pas les solliciter encore. Le grand spécialiste de la communication de crise n'arrive pas à gérer sa propre crise... Mes journées sont longues. Déprimantes. Je n'arrive pas à me concentrer et m'évade dans la lecture de romans l'après-midi. Je ne l'avais pas fait aussi massivement depuis des années et prends beaucoup de plaisir à dévorer la rentrée littéraire de septembre.

Je bois trop de café. Ma bouche n'est qu'amertume.

Enfin un appel. Nouveau rendez-vous. Pas celui que j'attendais. Mardi, 9 heures.

Je suis ponctuel pour mon entretien... au Pôle emploi de Rueil-Malmaison. En démissionnant de mon poste de Boursorama, mon contrat de travail avec la Société générale s'est de fait trouvé réactivé : j'ai été « remercié » aussi sec par la maison mère dès ma démission. Pendant la période où j'étais président-directeur général de Boursorama, ce contrat était suspendu ; j'ai exercé mes fonctions de mandataire social de cette filiale sans filet ni parachute. Devant moi, une dizaine de personnes font la queue devant le guichet d'accueil. Un jeune homme en baskets, pull et jean m'aborde, aimable. Vous avez une convocation ? Oui, à 9 heures avec Mme J. Très bien, suivez-moi. Je passe la queue des gens sans convocation et suis conduit au bureau désigné. Mme J. arrive dans la foulée, je suis son premier rendez-vous. Elle lit ma convocation, tape sur son clavier mes identifiants, ajuste ses lunettes et son fauteuil, contemple mon curriculum vitae joint en ligne et me demande quel type de travail je cherche. Je lui dis que je ne cherche pas, que je viens de créer mon entreprise, que je ne me paierai pas pendant quelques mois, le temps de démarrer, que c'est pour ça que je suis là...

– Vous avez déposé les statuts ?

– Oui.

– C'est embêtant.

– Pourquoi ?

– Normalement, il faut s'inscrire au Pôle avant de créer l'entreprise, puis la créer.

– Qu'est-ce que ça change ?

– Rien pour vous, sauf que le programme informatique ne prévoit pas ce schéma...

Je m'imagine entrer dans un monde kafkaïen dont je ne sortirai que péniblement, mais Mme J. poursuit :

– Je vais simplement devoir effectuer la procédure à la main, ce n'est pas grave.

Elle est satisfaite, créant mon entreprise, je sors aussitôt des statistiques de demandeurs d'emploi, même si je bénéficie pendant quelques mois de mes droits.

– Combien vais-je toucher ?

– Vous allez toucher une indemnisation à l'allocation d'aide au retour à l'emploi (ARE) du montant journalier maximum compte tenu de votre ancien salaire, soit 216,13 euros. Sur ce montant brut, seront retenus au titre de la retraite complémentaire 3 % du salaire journalier de référence (SJR), plus les CSG et CRDS pour respectivement 6,2 % et 0,50 % des 97 % restants de l'allocation.

Elle saisit mon RIB dans sa machine.

– À partir de quand ?

– Vous aurez un délai de carence de soixante-quinze jours et recevrez vos paiements au début du mois suivant. Pour cela, il faudra valider sur le site le 30 du mois que vous êtes toujours à la recherche d'un emploi.

– Je n'en cherche pas.

– Oui, mais le système est fait ainsi, pour toucher vos indemnités, vous télédéclarez que vous êtes en recherche. Tout est clair pour vous ?

– Oui.

– Vous avez d'autres questions ?

– Non, merci beaucoup.

Elle me conduit au bureau d'en face, chez la conseillère d'orientation. Nous nous serrons la main, elle passe au candidat suivant, assis sur la chaise que j'occupais dix minutes avant.

La conseillère me demande ce que je veux faire. Je lui dis que je crée mon entreprise. Elle sourit et dit :

– Alors cela ne va pas durer longtemps.

Elle saisit mes identifiants, vérifie mon CV, ouvre un programme : nous allons quand même remplir l'espace recherche d'emploi.

– Vous faisiez quoi ?

– J'étais PDG de banque...

Elle sursaute :

– C'est la première fois que j'en vois un... vous recherchez quoi ?

– Rien.

– Mais il faut remplir, sinon vous ne toucherez rien...

– Mettez la même chose...

– PDG de banque ?

– Oui.

– Il faut élargir un peu, car ce type d'offres ne passe pas par le Pôle emploi, vous faisiez quoi avant ?

– Membre du comité exécutif d'une entreprise du Cac 40.

– Je n'ai pas non plus.

– Dans quel métier vous étiez avant ?

– Communication.

– Ça j'en ai plein : graphiste ? Développeur web ? Chef de projet communication ?

– Vous avez quoi d'autre comme case ?

– Relations presse ?

– Non.

– Intranet ?

– Non.

– Rédacteur ?

– Non.

– Responsable de département communication ?

– Oui, mettez ça.

Elle coche.

– Il faudrait élargir la recherche, vous connaissez la publicité ?

– Oui.

Elle coche la case responsable de publicité.

– Cela vous convient ?

– Oui.

– Vous voulez une assistance pour construire votre CV ou préparer des entretiens ?

– Non merci.

– Eh bien voilà, nous avons fini.

Elle me raccompagne. L'ensemble des formalités m'ont pris moins d'une heure en tout, dont la moitié derrière mon ordinateur et deux rendez-vous de quinze minutes. Je m'attendais à poireauter deux heures avant d'affronter des fonctionnaires désabusés assis derrière des machines à écrire avec papier carbone comme dans certains commissariats de province, un gobelet à la main et trois conversations en cours avec des copines entre deux pauses cigarette. Mon *a priori* a pris un coup. J'ai passé deux moments conviviaux avec deux personnes attentionnées.

Ma société est créée, j'ai déposé les statuts, ouvert le compte en banque, déposé la marque, mais l'activité est encore atone. Elle ne m'occupe que quelques heures par semaine, notamment la création du site Internet : « Sparring Partner. Achèle accompagne les entreprises dans leur pilotage, l'optimisation de leur modèle opérationnel, la définition de leur stratégie et dans la construction et la distribution de leurs contenus de marque... » Pour le reste, journées sans appels. La mission avec mon premier client, Stan, ne démarrera qu'en mars prochain. Je me réconforte en me rappelant ma première fois, à 30 ans, le deuxième client avait mis six mois à se décider. Puis tout avait explosé ensuite, j'en gagnais trois nouveaux par mois.

J'accepte de donner un cours chaque semaine le lundi après-midi à l'école de la communication de Sciences-Po. J'aurai vingt élèves « futurs leaders » inscrits dans un cursus de master en deux ans, et surtout le plaisir de croiser des étudiants pleins de vie, des ingénus que la vie professionnelle n'a pas encore rendu cyniques, opportunistes, claniques, mesquins, moutonniers, frileux, couards, complaisants ou manipulateurs. Mon thème ? La communication de crise. Douze fois deux heures le lundi après-midi. L'objectif de l'école est d'apporter aux étudiants les connaissances fondamentales en sciences sociales tout en développant leur sens critique et analytique, et en leur apprenant à être autonomes et opérationnels : avec moi, ils sont mal tombés. Je commencerai après l'été.

D'ici là je dois construire le cours. Cela m'occupe un peu. Le blog de Challenges aussi. Je retrouve l'esprit de mes premiers pas de journaliste. Je cherche un angle dans l'actualité et rédige quelques billets. Les lecteurs réagissent... et me distraient.

Mais cette activité m'apparaît vite incompatible avec mon entreprise.

Je finis par louer un bureau dans un incubateur de jeunes pousses à Saint-Cloud pour me rapprocher de Paris et mieux me concentrer durant la journée.

Une table. Une chaise. Une étagère. Insipide univers Ikea. L'immeuble donne sur l'ancien siège du Front national, ma fenêtre, sur le pont de l'autoroute A13, je ne pouvais rêver meilleur cadre... Les vitres tremblent chaque fois qu'un poids lourd passe devant.

Ordinateur silencieux. Aucune envie de travailler. Aucune volonté de démarcher qui que ce soit. Tout est fade. Les problématiques de la plupart des entreprises sont plates. Je trouve dégradant de me dévoyer à ce point. Cela se voit. Envie de rien. Je suis un paralysé du combiné. Aucune conversation ne m'attire. Je contemple les nouvelles sur Google actualités. Elles ne m'intéressent pas. Aucune capacité de concentration. Je mate *Gomorra* sur mon PC. J'avale une plaquette de Lindt noir intense 70 % cacao. M'enfile une Badoit et m'essuie d'un revers de main. Ma vie n'a plus aucun intérêt.

Je sens une douleur dans mon estomac. Un abîme se creuse. Le mal m'envahit. Combien de temps vais-je rester comme cela ? Ce n'est pas la liberté que j'ai découverte. Mais le vide. Le stress de l'avenir. Le mot « gouffre ».

Pour fuir ce mauvais stress après avoir tenté quelques coups de fil, je m'évade parfois au cinéma et me laisse entraîner par la lenteur du rythme de *Melancholia* ou de *This must be the place* avec Sean Penn. J'essaie dans ces courts instants de vivre des moments de plaisir... Je vibre avec Wim Wenders quand il mêle musique, chorégraphie, couleurs et mouvements de caméra en 3D à la pureté des lieux choisis par Pina Bausch. J'y retrouve les vibrations de *Buena Vista Social Club*... mais la magie du remède ne marche pas souvent. Je n'arrive à entrer dans aucun autre film. Je suis incapable de retrouver les émotions que j'éprouvais auparavant. Je cherche des films plastiques. Une esthétique qui me fait vibrer et des musiques qui me prennent les tripes. J'ai envie de me laisser consumer doucement. Mais rien n'y fait.

Avant, je jubilais devant *Trafic* de Tati et succombais face aux images de *Playtime*. Kubrick me transportait avec Strauss dans *2001 : l'odyssée de l'espace*. J'aimais les road-movies, les prises de vues de Dennis Hopper dans *Easy Rider*, *The Last Show* de Robert Altman. J'aimais le cynisme des frères Cohen, Jamie Fox dans *Ray*, Emile Hirsch porté par la musique et les paysages d'*Into The Wild*. J'aimais la maison de Capri dans *Le Mépris*, les fesses de

Brigitte Bardot et aussi Romy Schneider sur le lit d'hôtel dans *Max et les ferrailleurs*. J'aimais la violence psychologique d'*Orange mécanique* et Gena Rowlands « sous influence » dans le film de Cassavetes. J'aimais l'architecture et les prises de vues de *La Mort aux trousses*. J'aimais le rythme et le bordel de Kusturiča et je fondais devant l'intelligence de *Mulholland Drive* de David Lynch ou de *L'Ami américain* de Wim Wenders.

Je réessaie une ou deux fois, mais ma mauvaise conscience me fait sortir de la salle. Je regarde mon portable en sortant : l'écran n'a pas bougé d'un iota.

La société de paris en ligne m'invite à nouveau au Murat. Son patron veut me présenter son principal actionnaire, un fonds d'investissement, des centaines de millions d'engagements. Nous nous reniflons pendant deux heures.

Denis, mon ancien adjoint, m'envoie un texto, il a le job au Crédit agricole. Je l'appelle pour le féliciter, il ne répond pas, je lui laisse un message. Louise m'appelle, elle a le job. Gucci, Puma, le luxe, tout cela, c'est pour elle. Je n'ai aucun regret, j'ai fait un choix, celui de la liberté.

Vendredi, comme tous les matins, je salue Samir à l'accueil de mon incubateur.

– Comment vas-tu ?

– Comme un vendredi, me répond-il avec un large sourire.

– C'est la perspective du week-end qui te met dans cette joie ?

– Non, vendredi, c'est l'Euromillions, je joue 10 euros chaque semaine, un jour je serai riche et je pourrai m'arrêter de travailler...

– On perd toujours à ce truc-là...

– Non, j'ai déjà gagné 1 500 euros !

– Et tu les as rejoués ?

– Pas ceux-là, d'autres...

– Il faudra beaucoup de temps avant de t'arrêter de travailler... et puis tu sais, travailler, c'est bien.

– Chaque semaine, quelqu'un gagne des dizaines de millions, pourquoi pas moi ?

Je commence à m'habituer à cet incubateur. L'ambiance est dynamique : près de quarante jeunes entreprises y sont logées, dans les technologies bien sûr, mais aussi dans les services à la personne, le conseil, le tourisme, la finance... Nous bavardons devant la machine à café, réchauffons nos plats au micro-ondes, prenons le courrier dans nos casiers, échangeons quelques mots, partageons nos expériences. Il s'agit d'une initiative de trois communes pour aider les entrepreneurs à se lancer. Chacun y loue quelques mètres carrés. Le mobilier n'est pas fourni. Les plus aisés achètent neuf sur Internet, les autres recyclent de vieilles tables de cuisine, des tréteaux ou des chaises en aluminium.

Tout le monde est sur le réseau interne et bénéficie du haut débit, du téléphone, des copieurs avec code. Facturation fin de mois. La collectivité offre en alternance chaque semaine les conseils d'une société informatique et d'un cabinet de juristes. Chacun réserve son tour comme chez le médecin et bénéficie d'expertises gratuites. Le ménage est compris. La règle du jeu est simple : le loyer est subventionné pour moitié pendant trois mois, le quart les trois mois suivants. Plein pot, mais raisonnable, ensuite. Au bout d'un an, on laisse la place à d'autres, quoi qu'il arrive.

La société de jeux en ligne ne souhaite plus me mandater pour le conseil en marketing. Elle me propose tout simplement d'en devenir le président. Je me fais fournir une pile de documents. J'étais prêt à vendre des conseils ponctuels pour vivre. Je ne le suis pas pour m'engager totalement dans une activité qui ne me correspond pas. Je décline. Et reprends un café. Mon avenir est aussi sombre que le fond de ma tasse.

Je déjeune avec une amie, directrice des relations avec la presse de France Télécom. Nous balayons ses problématiques, l'offensive de Free, ses enjeux, l'organisation de ses activités, la manière de gérer les crises. J'évoque la possibilité d'une coopération, je dresse quelques pistes : « C'est impossible, me dit-elle, Stéphane R. est un proche du président de ton ex-banque... Il ne peut pas lui faire ça. »

Je passe mon temps à ressasser le passé et à contempler les dégâts de mon acte de liberté. Je suis l'*insider* qui a osé faire dans le privé ce que font depuis longtemps Jacques Attali, Bruno Lemaire et bien d'autres hommes politiques avec les affaires publiques. À qui doit-on cette idée stupide que rien ne doit transparaître de la direction des entreprises ? Je pense le contraire. J'ai rendu le monde de la banque accessible pendant dix ans, et mon livre l'aide à réfléchir à son évolution.

Mes anciens amis ne décrochent maintenant plus quand ils voient mon numéro s'afficher. Je ne suis plus invité aux avant-premières, aux matchs, aux concerts, aux visites privées. Je n'ai plus mes entrées dans les loges du Stade de France, à l'Opéra Bastille, à Pleyel, au Châtelet ou à Roland-Garros. Je ne suis plus convié dans les dîners, sauf ceux des clubs de « réflexion » à 270 euros la soirée. Je n'y vais pas. Personne ne souhaite me confier de nouvelles missions. Je ne suis même pas perçu comme un fournisseur corvéable à merci, mais comme un ex-collègue qui a rompu les liens. Je ne suis pas vu comme conseiller. Puisque j'ai écrit, puisque j'ai trahi l'omerta.

Les gens commencent à me regarder différemment, avec la même attitude gênée que quand ils croisent le regard d'un handicapé en fauteuil... Leurs mots admiratifs me choquaient il y a quelques mois quand j'avais le statut de président et qu'ils me flattaient.

Un soir de février, de retour de plusieurs réunions, je remonte une file de voitures arrêtées à un feu, avenue Jean-Baptiste-Clément à Boulogne-Billancourt. Un peu vite. Une Renault grise déboîte. Je m'encastre dedans. Le scooter est mort. Ma tête se bloque sous la roue de la voiture. Le casque devient ovale. J'y laisse une côte, un poignet, un genou. Il pleut. J'ai mal.

Je me suis battu vingt-cinq ans pour devenir quelqu'un. J'ai démarré journaliste stagiaire payé au SMIC, je suis devenu patron de banque, étape après étape. J'ai touché du doigt les abysses de la finance et les coulisses de la démocratie d'opinion. Je ne suis plus personne –juste un blessé parmi les autres dans la salle d'attente des urgences de l'hôpital Ambroise-Paré. Assis sur un siège en plastique jaune, couvert de sang, je contemple les brancards qui défilent avec des victimes plus abîmées que moi. La moquette épaisse du 35e étage de la tour de la Défense est loin. Je sombre. Tout ce que j'ai fait depuis quarante-cinq ans, c'était pour en arriver là ?

J'ai très bien gagné ma vie au cours des quinze dernières années, je n'ai aucune dette, et j'ai de quoi voir venir quelque temps, mais je ne peux m'empêcher de me poser la question : Combien de munitions me restera-t-il pour élever mes enfants si je n'arrive pas à réamorcer la pompe ? Je compte et recompte. J'ouvre un tableur Excel. Je vérifie toutes les cases. Impôts, ils baisseront sensiblement, c'est la seule bonne nouvelle. Taxe d'habitation. Taxe foncière. Électricité, gaz. Tout cela est incompressible. Les prix augmentent plus vite que l'allocation de chômage. Téléphone, ça, je pourrai raboter... Je corrige tous les chiffres. Une pelleteuse me bouffe les entrailles. Je sens la douleur qui augmente. École ? Mes enfants commencent à avoir l'âge des études supérieures... Le rythme de mes dépenses s'accélère, mes revenus sont au point mort. La trouille m'envahit. Je suis paralysé. Je me frotte le visage en plissant les yeux. J'enfonce mes doigts dans mon crâne.

Je fixe mon téléphone immobile et l'insulte :
– Sonne connard !

Je le saisis, frappe mon code, regarde l'icône « courrier ». Aucune notification. Je suis seul. Je ne peux partager ma détresse avec mes proches, ils en perdraient le moral. Ni avec mes « amis » qui divulgueraient la nouvelle et en feraient des gorges chaudes. Ils détruiraient mon image virtuelle d'entrepreneur dynamique. Et toute possibilité de faire envie à des clients potentiels. On ne mandate que les gens en bonne santé, dont l'idée d'influence impressionne. Ils ne doivent pas savoir qu'en réalité je suis dynamité. Je vais tenter de tenir encore mon jeu de rôle. Je refuse de baisser les bras et continue de relancer tout le monde.

Je lis d'une traite *Le Système Victoria*, un roman d'Éric Reinhardt. Le début est facile, la fin glauque, mais l'ensemble est magistral. La confrontation amoureuse entre un chef de chantier mal payé et une DRH mondialisée crée un cocktail détonnant. L'aventure amoureuse est époustouflante. Le monde des affaires est passé au scalpel sans démagogie. Les bonnes questions sont effleurées, leurs conséquences sont explicites. L'auteur jongle entre une dirigeante déconnectée et un entrepreneur de terrain. L'une vit dans sa bulle et pense à ses stock-options, l'autre est pris en sandwich entre la vitesse de prise du béton et des objectifs irresponsables. Il est dans la vraie vie. Ils s'aiment, chacun avec ses fantasmes et ses moyens.

Et moi, je suis celui qui passe de la bulle à la vraie vie, sans respecter les paliers de décompression.

Je déjeune avec Louise. Elle est stressée.

– J'ai un plan stratégique à construire pour dans deux mois, je ne sais pas du tout comment m'y prendre.

– Je peux t'aider.

– Oh, merci, c'est super.

– Mais pour taper juste, je dois rencontrer des gens en interne, voir le président, il faudra que tu me mandates.

– Ce n'est pas possible !

– Pourquoi ?

– Il ne doit pas voir que ce n'est pas moi qui le rédige.

– Bon, faisons une mission, je te guiderai et t'aiderai.

– Je ne peux pas, je n'ai pas de budget...

Je réfléchis sur moi. Je couche mes journées sur une feuille. Oui, écrire est une fuite. Cela me permet de me comprendre. Mes faits et méfaits me sautent aux yeux. Les réactions des autres aussi. Écrire m'emmène ailleurs. C'est un bras d'honneur à la platitude du quotidien. Cela lui donne un relief particulier. Les journées sont plus denses.

Je cherche les mots, je joue avec. Je fais court. Précis. Ciselé. Tout le monde possède le même vocabulaire, mais personne ne fait les mêmes phrases. Les miennes sont miennes. Je m'y vois à travers et m'y regarde mieux que dans une glace. Mes interlocuteurs entendent-ils mes mots comme je les comprends ?

Je finis par croiser Denis. Il me fait visiter les lieux, la mare aux canards. Nous sommes au Crédit agricole. Ses bureaux, la direction de la communication occupe tout un étage du nouvel immeuble de Montrouge. Il ne pourra pas me faire travailler, cela dépend du secrétaire général, qui est déjà très bien équipé, avec toutes les agences de Paris. Je ferai simplement une conférence devant cinquante dirigeants, rémunérée cette fois.

Je construis des choses importantes comme une carrière. Pendant dix ans. Et je détruis tout comme le scorpion qui s'injecte son propre poison. Je sors de mon corps et regarde ce que cela me fait. Cela me fait mal. Les autres sont immobiles. Je m'extrais.

Pourquoi ai-je fait cela ? Ah, oui, pour la vérité... Ce mot n'a aucun sens. Il est relatif. Le monde s'en contrefout. Les mots s'enchaînent, j'y prends du plaisir. Je me relis et suis affligé par ma médiocrité. J'écris encore, l'encre est mon carburant. Les rouages s'enclenchent, mes neurones s'excitent, je m'évade.

Je me suis envolé. Je suis tombé sur le goudron. J'ai tout perdu.

Je rentre au bureau. Mon incubateur, l'escalier en béton, le couloir, les 13 mètres carrés, les meubles Ikea. Je me connecte sur mon PC, la fin du mois est arrivée. Je coche les cases du site Pôle emploi : Je suis toujours à la recherche d'un emploi. Je n'ai pas travaillé le mois dernier. Je n'ai pas été en stage. Je n'ai pas été en arrêt de maladie. Je n'ai pas reçu de nouvelle pension-retraite. Je n'ai pas perçu de nouvelle pension invalidité de deuxième ou troisième catégorie. En fonction de ces indications, mon inscription sur la liste des demandeurs d'emploi est maintenue. Hors statistiques. Je recevrai un virement dans dix jours...

Je m'évade avec le récit de l'aventurier Sylvain Tesson, *Dans les forêts de Sibérie*. Le texte est si beau que je ralentis la lecture. C'est la première fois que cela m'arrive. Je veux en profiter le plus longtemps possible. Sylvain Tesson écrit très bien, les mots chantent et claquent, il nous emmène loin. Je m'attendais à un simple retour à la nature, j'y découvre le tempérament russe et son histoire épique. Je réfléchis sur la vie au fil de ses nombreuses notes de lecture et me plonge dans le froid du lac Baïkal.

Je boite, mon poignet est gros comme un genou, je ne peux me servir de ma main droite ni tousser sans faire hurler mes côtes.

Combien de temps vais-je continuer à m'enfoncer comme cela ?

À Crétéil, Ryad se fait de vrais potes, notamment son binôme pour les travaux dirigés. Il est bien dans ses baskets, se sent en avance en technologies. Il refait le film de ses découvertes d'enfance à l'envers. Désormais, il a le bagage mathématique nécessaire, c'est du velours. Il domine le sujet, il cartonne. Les professeurs décident de présenter les dossiers des deux meilleurs élèves de l'IUT aux concours de deux grandes écoles : Supélec et l'Institut national des sciences appliquées. Lui et la deuxième de la promotion. Le chef de département propose de les présenter tous les deux comme major, elle à Supélec, lui à l'INSA. Il vit cela comme une injustice, Supélec est un cran au-dessus. La femme blanche serait-elle supérieure au petit beur ? On le met devant le fait accompli. Ryad refuse, il a été premier toute l'année, mais cela ne sert à rien. Alors il se couche et ne fait pas de vagues : « Ferme ta gueule, se dit-il, c'est déjà bien que tu sois là, rappelle-toi que tu n'es qu'un invité... » Supélec ne la prend pas. Ils passeront tous les deux le concours de l'INSA, il sera devant.

À l'oral, les candidats doivent rédiger une lettre à la personne de leur choix et la commenter. Comme il n'a personne à qui écrire, il choisit de s'adresser directement aux membres du jury. Il leur décrit l'ambiance de ceux qui écrivent leurs lettres à leurs proches et fait rire tout le monde.

Ryad intègre facilement Rennes, directement en troisième année, sans classe préparatoire. Il obtient une bourse de 20 000 francs, ses frais d'inscription s'élèvent à 12 francs compte tenu des revenus du foyer. Il les sort fièrement de sa poche. Il donne aussi des cours de maths-physique aux terminales. Pour la première fois, il se sent riche. On le paie pour étudier tout ce qu'il aime, il n'en revient pas. Il loge à la cité universitaire, mais ne profite pas de la vie étudiante, il s'adapte mal à l'environnement des ingénieurs, qui commencent à mettre des costumes, à se sentir arrivés, avec un demi-pied dans la vie professionnelle. Lui bosse, il bosse beaucoup. Il y trouve tout son bonheur : électronique analogique et numérique – logique combinatoire, séquentielle et programmable –, informatique industrielle, architecture des calculateurs, systèmes à microprocesseurs, programmation et langages, programmation orientée objets, systèmes d'exploitation, en temps réel et embarqués, bus de communication, signaux et traitements du signal ou d'images, le tout mâtiné de mathématiques. Sa soif d'apprendre est insatiable.

Il rentre tous les week-ends à Alfortville voir sa mère, qui est désormais titularisée à l'université de Créteil. Il la découvre. Elle qui restait en retrait du vivant de son père, elle qu'il avait négligée ensuite, elle qui avait toujours été derrière lui, discrètement, devient sa confidente, sa meilleure amie.

Ryad ne change pas de passion, il continue à fabriquer des appareils, il aime la technique. Une entreprise basée à Rennes lui commande des prototypes. Ryad réalise plusieurs versions d'automates de télégestion pour adapter à distance – par téléphone – la lumière ou la température, bien avant l'ère Internet.

Mon moral baisse de jour en jour, mais je tente de donner le change. Je renonce à baisser les bras. Je continue de solliciter tous ceux qui pourraient me permettre d'amorcer plus vite mon entreprise. Je pilonne mon agenda et mon clavier de téléphone. Je dois trouver d'autres clients et mieux amorcer cette foutue pompe. Puis je recruterai et développerai une offre de produits et services différents. L'allumage est beaucoup moins rapide que je ne le pensais. Je me rends compte que personne ne m'attend. Mon carnet d'adresses a subi une énorme torsion depuis que je suis entré dans la banque, il est petit à petit devenu endogène au groupe.

Mes anciens clients, les avocats et banquiers d'affaires qui jouaient les entremetteurs alors que je dirigeais des agences de communication, s'appuient sur d'autres compétences. Onze ans plus tard, ces expériences de conseil représentent le passé. Le monde est tourné vers l'avenir. Un avenir que je dois tenter d'incarner, du haut de mes 48 ans. Je repense aux graphiques de la direction des ressources humaines de la banque, la catégorie senior commençait à 45 ans. À cet âge-là, on avait déjà effectué l'essentiel de sa courbe de carrière. Si l'on n'avait pas atteint un certain niveau de management, c'était trop tard. Ai-je mal analysé la situation. Est-il déjà trop tard pour que je crée ma seconde entreprise ?

Et si François, l'avocat de la banque qui avait tenté de me dissuader, avait raison ? Je me remémore sa phrase : « Si vous faites cela, Hugues, vous serez blacklisté. Si vous brisez la loi du silence, le milieu vous brisera. »

Je suis assis seul, *Le Parisien* sous les yeux, j'attends mon rendez-vous. Jean-Claude B., homme réputé pour sa précision, arrive en retard, cela ne s'était jamais produit. Je prends mon petit déjeuner avec lui, le responsable de l'agence de communication que j'avais le plus fait travailler dans mes anciennes fonctions. Mon interlocuteur est sur la défensive, évasif, distant : il me montre, sans le dire, que je ne suis plus rien pour lui et qu'il ne peut rien pour moi. Il botte en touche, c'est clair, il ne m'ouvrira aucune porte. Je m'ouvre à lui de différentes pistes envisagées. Il abrège la conversation et lâche, laconique : « Mozart à 4 ans savait ce qu'il voulait faire. » Avant d'ajouter : « C'est à cela que l'on reconnaît les grands hommes. » Il y a à peine six mois, il me trouvait « brillant. » Ma journée commence bien...

Une musique Marimba d'Apple se met à sonner. Trois personnes regardent leur Smartphone, ce n'est pas le leur. Je suis tellement déshabitué que je mets quelques secondes à réaliser qu'il s'agit du mien. Comme beaucoup, j'ai laissé la configuration par défaut. L'écran affiche Numéro Inconnu. Je décroche. C'est Philippe Oddo. Il dirige une entreprise financière privée qui porte le nom de sa famille. Je n'avais pas pensé à l'appeler, tant je me focalisais sur ma spécialité de communicant. Je ne l'avais pas croisé depuis plusieurs années.

– Tu as été président de Boursorama et dix ans au comité exécutif de la Société générale, nous avons forcément beaucoup de choses à nous dire...

Enfin une phrase agréable, je finissais par me sentir inutile. Son assistante me fixe un rendez-vous.

Philippe est un chef d'entreprise très engagé. Ses équipes dirigeantes l'ont sur le dos en permanence, réunions, mails, coups de fil jusque tard le soir... Il se lève tôt, connaît ses dossiers sur le bout des doigts. Il gère sa banque comme un propriétaire pointilleux, exigeant, pragmatique, qui ne lâche jamais la bride et s'intéresse à tous les détails. Il demande toujours plus, avec le sourire et... sans moyens additionnels. On est loin du conservatisme et des ronds de jambe dans les grands groupes. Petit, fin, sportif, énergique, bronzé toute l'année, il a repris l'entreprise familiale de 50 personnes au milieu des années 1980 après des premiers pas jugés prometteurs par la famille. Ils sont 1000 aujourd'hui, avec, pour les plus en vue, une culture d'efficacité presque aussi exacerbée que celle de leur patron. Les collaborateurs possèdent, à côté de lui et d'un grand assureur, le tiers du capital. C'est ce que l'on appelle une entreprise familiale.

Philippe a vécu un été 2007 épouvantable où le début de la crise de liquidité liée aux subprimes a failli avoir raison de ses fonds propres. Gérant commanditaire de son entreprise, il en est responsable sur ses biens personnels de manière illimitée, ce qui est rare en France. Plutôt stressant. Il a évité la catastrophe de justesse, un an avant la chute de Lehman. Aussi l'automne 2008 l'a moins secoué que les autres banques.

À peine raccroché avec Philippe, le téléphone sonne à nouveau. Charles Robinet-Duffo, 42 ans, est le nouveau directeur général du groupe d'assurances fondé par sa famille en 1947 ; 1000 collaborateurs, un milliard de primes gérées. Il commente mon livre dans les détails. Puis me convie à déjeuner.

Quelques jours plus tard, chez Sormani dans le XVIIe arrondissement, il m'annonce qu'il sera nommé président du directoire en janvier. Nous parlons management, fonctionnement interne, pilotage de l'entreprise. Jeune dirigeant, curieux d'esprit, il confronte ses idées avec les miennes. Le vitello tonnato enrobe les sujets de stratégie et de gouvernance entre deux gorgées de Prazti di Canzio. Le courant passe très vite. Je suis sidéré de la différence d'accueil entre les entrepreneurs propriétaires de leur outil de travail et les dirigeants salariés issus de la fonction publique. Leurs jeux de coudes pour monter et leurs parties de billard à trois bandes pour conserver leurs postes créent des œillères. Au bout de deux heures, Charles me dit :

– Nous allons travailler ensemble, j'ai besoin de ton regard extérieur.

Nous nous serrons chaleureusement la main.

Après l'horrible année 2009, 2010 s'est soldée par une faible croissance. Les économistes tablent sur un cru 2011 du même acabit, France et zone euro de l'ordre de +1,5 % et accélération l'année suivante. Seules l'Espagne et la Grèce seraient en récession. L'ambiance est à un lent retour à la normale, après deux années de digestion de crise. Inflation du même niveau, taux directeurs de la Banque centrale européenne faibles mais en légère hausse, de l'ordre de 1,2 % en moyenne sur les douze mois, OAT dix ans plate, Brent à 85 dollars, Cac 40 probablement en hausse de 10 %, les entreprises ont effectué les restructurations nécessaires, eurodollar plus détendu... Les experts et prévisionnistes se veulent rassurants, l'économie passera de blême à pâle, tranquillement. Si ce n'est la confiance, les clients renouent avec l'idée d'un avenir moins incertain... des embryons de projets renaissent. Je me dis que mes activités devraient connaître un soubresaut, l'espoir me fait revivre.

Mais comme toujours, les prévisionnistes se tromperont... de beaucoup cette fois encore.

À la sortie de Rennes, Ryad ne trouve pas de boulot. Il s'attendait à ce que l'on vienne le chercher, comme ses camarades, mais personne ne fait la démarche, il n'a aucune connexion. Il envoie des lettres de motivation, notamment à des équipementiers automobiles en insistant sur sa passion des technologies, mais rien n'y fait. Les réponses sont toutes identiques, Ryad n'a pas assez d'expérience. En 1997, l'année de la dissolution de l'Assemblée nationale, le pays ne va pas très fort, les sociétés de conseil en informatique commencent à tirer la langue, cette piste ne donne rien non plus. Ryad ne trouve rien, il avale progressivement le pécule constitué à Rennes et se retrouve seul la journée, dans une forme d'oisiveté très destructrice. Pendant ce temps, tous ses copains de promotion travaillent, leur vie se décale de la sienne. Lui qui pensait avoir fait le chemin nécessaire, que la galère était derrière lui grâce aux études, se retrouve à nouveau dans l'impasse. Il cherche un « taf ».

« On m'aurait demandé de nettoyer les chiottes, j'aurais nettoyé les chiottes », dira-t-il plus tard.

Une de ses amies de promotion finit par lui présenter un responsable commercial d'OZA, une société informatique. Celui-ci est en compétition pour obtenir une mission à la SNCF, mais il lui manque une ressource de niveau intermédiaire. Ryad met une cravate. Ils vont à l'entretien. Il est trop diplômé pour le poste :

– Vous allez vous ennuyer, lui dit-on.

– Tu ne vas pas t'ennuyer, hein ? dit le commercial.

– Non, répond Ryad.

OZA signe la mission et le contrat de travail en même temps et empoche la différence. Le petit beur est rentable dès le premier jour. Il est rapide, précis et devient rapidement une locomotive. OZA enchaîne les missions à la SNCF, Ryad fait des merveilles, notamment en développant les automates dans les gares. Mais, effectivement, il s'ennuie vite, le rythme n'est pas le sien. Il veut progresser, avoir des responsabilités cohérentes avec son diplôme d'ingénieur, gérer des projets à part entière. Il démissionne au bout de quinze mois, une offre de concurrent deux fois plus élevée entre les mains. La société OMI veut développer les forfaits. Ryad est choisi pour diriger la première équipe dédiée, sa réputation l'a précédé.

Il développe un logiciel de paiement sur Internet, travaille sur les systèmes de caisse de Carrefour, sur les terminaux de paiement d'Ingenico ou sur les moyens de paiement sans contact.

Mais OMI connaît en 2000 de nombreux soubresaut financiers et managériaux. Ryad décide de partir et de créer sa propre société, ABM Technologies, avec deux collègues ingénieurs, Yann et Gregory. Quitte à travailler quatorze heures par jour, autant le faire à son compte. Tout le monde tente de le décourager, sauf Ourida, sa nouvelle compagne, qui est serveuse dans un restaurant parisien. Elle casse son plan d'épargne et lui donne tout.

Ryad installe son premier bureau dans la maison familiale d'Alfortville, au premier étage. Les débuts sont assez difficiles, mais l'entreprise finit par décoller. Il quitte les lieux un peu plus tard, mais ne souhaite pas laisser sa mère seule. C'est lui qui entre les coordonnées de Sakina sur Netclub, le site qui permet de faire des « rencontres sérieuses ». En 2000, trois ans après le démarrage grand public d'Internet, la démarche est iconoclaste, surtout pour une femme quinquagénaire.

Sakina échange rapidement quelques mails avec une seule personne, Jean, qui est de sa génération. Elle est aussi sa première interlocutrice. Jean et

Sakina se rencontrent un peu plus tard dans un centre commercial de Créteil. Il la prend tout de suite par la main et lui fait traverser les allées à vive allure. Son dynamisme l'enchante. Jean est ingénieur, il possède sa propre entreprise de mesure du radon, le gaz présent dans l'atmosphère – celui qui contribue le plus à la radioactivité humaine. Sakina refait ainsi sa vie, onze ans après le décès d'Heddi. Le nouveau beau-père s'intègre très bien dans la famille, les deux ingénieurs s'entendent tout de suite. Sakina connaît à nouveau le bonheur.

RÉVÉLATION

– Bonjour... C'est Pierre de Perthuis.

Je n'avais pas entendu sa voix depuis qu'il m'avait abonné à des chaussettes en 2005 ! J'avais été son septième client, je m'en rappelle très bien. Après avoir quitté le groupe Havas où nous dirigions chacun une filiale à la fin des années 1990, il avait créé une société d'e-commerce très originale, chaussette-online.com. On choisissait un modèle, on précisait sa pointure, on ajustait sa longueur de mollet, sélectionnait sa couleur, toujours en fil d'Écosse, on entrait ses coordonnées et on recevait par la poste une enveloppe kraft chaque trimestre avec trois paires. Ce service était pratique. Rien de plus ennuyeux que d'entrer dans un magasin pour acheter ce genre de truc sans intérêt, on oublie toujours, et on finit comme Jean-Marie Messier, avec un trou au pied. Le modèle était un peu précurseur, mon profil de client un peu trop rare, l'entreprise perdait beaucoup d'argent. Pierre et son associé, qui n'arrivaient pas à s'en sortir, avaient tenté un coup original, mettre l'entreprise aux enchères sur eBay. Aucune offre n'avait été enregistrée. L'annonce de la vente avait néanmoins été vue près de 15 000 fois. À défaut de vente, un joli coup de pub qui lui a permis de se relancer. L'entreprise existe toujours, elle a fini par trouver sa place... Je l'interroge :

– Que deviens-tu ?

– Il m'arrive un truc de fou, j'ai rencontré un type extra, un geek, il veut monter une banque en s'appuyant sur les buralistes, j'ai tout de suite pensé à toi...

– C'est qui ?

– C'est pour toi ! C'est pour toi ! Il faut que je te voie. Je ne peux pas te dire comme ça au téléphone, prenons un café.

J'avais rencontré Pierre chez Havas bien avant la petite histoire des chaussettes. Il avait monté une société de marketing opérationnel florissante et l'avait vendue quelques années plus tard à ce groupe de communication. Je dirigeais alors une filiale de communication d'entreprises. Son agence avait pris le titre pompeux de The Sales Machine, elle regroupait la motivation et l'animation de réseaux – Motivforce pour faire pro –, l'événementiel et le tourisme – Incentive – et les relations presse, département qui portait le nom de Vitesse, triste illustration de l'évolution en profondeur du métier de journaliste. The Sales Machine affichait une marge brute de plusieurs dizaines de millions d'euros, ce qui était très beau. Pierre était parti quelques années après, comme tous ceux qui ont un jour été autonomes et se sont ensuite retrouvés au milieu des méandres et lourdeurs des grands groupes. Il avait été nommé au poste de président délégué d'un groupe indépendant de marketing services dont il était devenu actionnaire.

Nous nous voyons avec Philippe Oddo dans l'une des salles à manger du siège de sa banque, boulevard de la Madeleine. Il est chaleureux d'entrée. Franche poignée de main, large sourire, tape sur l'épaule. Double express, salade de fruits, yaourt nature et tour d'horizon. Rire de fond de gorge dès les premières phrases, il est en bonne santé. Mon livre ne l'a pas laissé indifférent, il connaissait dans sa chair le sens du mot crise et comprenait parfaitement ce que j'y décrivais. Nous identifions plusieurs chantiers et commençons à travailler ensemble dans la foulée. Mon premier vrai client est enfin signé. Nous traiterons peu de communication et beaucoup de stratégies en ligne de ses métiers. Il accepte un contrat annuel et me paiera par trimestre rubis sur l'ongle avec trois mois d'avance.

Philippe est un homme rare.

Je sors joyeux, il est le troisième à signer après Stanislas et Charles, nous démarrons dès le lendemain. Me voilà consultant en stratégies.

Je vois Pierre de Perthuis quelques jours plus tard. Il est débraillé, chemise ouverte à carreaux, pull de laine en V, mal rasé, jean. Il m'embrasse. Pierre a une gueule et une gouaille. Tête de bagarreur style Robert Mitchum, mais dans un corps rond façon Coluche. Quinze idées à la seconde, un débit très rapide, l'œil rieur, extrêmement jovial et positif. Dès la première seconde le courant passe, impossible autrement.

Qu'a-t-il fait depuis six ans ? Ses ados sont désormais étudiants, sa femme toujours juge à la chambre financière du tribunal de Grande Instance, il passe son temps à jongler avec la dizaine de sociétés dans lesquelles il a investi, mais celle qui l'occupe le plus en ce moment est une plate-forme de trading de matières premières basée à Bourges. Les agriculteurs travaillent d'habitude avec des courtiers qui ne permettent d'écouler la marchandise que localement. Mais, avec Internet, leur zone de chalandise s'étend à l'Europe. Il a réuni les grands agriculteurs avec les meuniers et les négociants dans un espace où se confrontent l'offre et la demande. Le petit plus, c'est le système d'information maison, qui calcule le meilleur prix pour les deux parties. Une pépite créée pour moins de 20 000 euros. Dès la première année, 200 000 tonnes de céréales et d'oléagineux ont transité sur le site... Il a ensuite développé de nouveaux services financiers avec le courtier danois Saxo Bank pour garantir les prix de vente de leur production… Il se marre en me voyant. Cela me fait du bien.

– Alors, c'est quoi ton histoire de banque chez les buralistes ?

– J'ai rencontré un gars incroyable chez mon banquier, figure-toi. En fait, un ancien banquier, qui a quitté HSBC pour créer sa propre société de conseil en gestion, un CGPiste comme on dit. Tous les deux, nous avons suivi ce nouvel entrepreneur dès le démarrage. C'est mon côté aventurier, j'aime accompagner ceux qui ont les couilles de démarrer un truc.

– Il s'appelle comment ton gars ?

– Ryad.

– Ryad ?

– Ryad Boulanouar, un beur très geek… Ce type est génial, il faut que tu le voies.

– Quelle va être la nouvelle offre ?

– Un système d'ouverture de compte bancaire chez le buraliste…

– Comment ça marche ?

– Le client arrive au bar-tabac, il scanne ses papiers, les données sont extraites, elles s'affichent sur l'écran du buraliste, il vérifie puis active une MasterCard sur son terminal de paiement électronique. Elle est associée au dossier client créé électroniquement, sans aucune saisie manuelle. Le client repart avec son RIB et sa carte, il est bancarisé... cela prend cinq minutes...

– C'est une banque agréée par l'Autorité de contrôle prudentiel ? Cela demande des fonds propres gigantesques...

– Non, c'est le nouveau statut d'établissement de paiement, ça marche comme un porte-monnaie électronique, le compte ne peut pas être à découvert...

– Vous avez vérifié la fiabilité des processus, la sécurité ?

– Oui, mais pour les détails, il faut que tu voies Ryad...

– Vous avez fait un business plan documenté ? Vous avez modélisé le coût du risque ?

– C'est pour cela que l'on a besoin de toi, pour la communication aussi... tiens, je te laisse ce document... Il faut que tu le rencontres...

Puis nous évoquons les jours anciens.

Rendez-vous est pris avec Ryad dès le lendemain. Délai naturel, mais qui me frappe. Plus une entreprise est grande, plus la distance entre deux rendez-vous est importante. Le temps de la start-up, c'est l'heure, celui de la moyenne entreprise, la semaine. Pour un grand groupe, compter six semaines...

Ryad arrive, en retard, au Murat. Le RER de Maisons-Alfort ne passe pas par la place d'Auteuil.

Nous nous installons dehors pour fumer. Il ne prend rien. Pas faim, pas soif. Pas l'habitude de consommer inutilement. Pierre est avec lui. Tutoiement d'office.

Petit, musclé, mal rasé, cheveux frisés noirs, nerveux, gros fumeur, il parle cash, il « envoie » comme me dira un investisseur plus tard. Un gars normal, comme on en voit partout, tout droit sorti du métro. Ryad, 37 ans, ne lit pas souvent d'essais ni de romans. Sa bibliothèque, quand il en avait une à l'université, était bourrée de livres et de magazines de technologie et d'informatique. Aujourd'hui, il se déplace avec son MacBook Air connecté 24 heures sur 24 et n'a besoin de rien d'autre. Il a fait une exception pour mon livre parce que Pierre a insisté.

– Pierre m'a parlé de toi. Tu es médiatique, tu as été patron de banque. Mon projet peut t'intéresser. Je peux avoir besoin de toi.

S'il savait combien je suis médiatique en ce moment.

Je commence mal, par la question qui tue :
– Tu es de quelle origine ?
– Je suis né à Lyon...
Il ne rajoute pas « je suis français comme toi pauvre con »... mais je le lis sur son visage désabusé.
– Excuse-moi, c'était une question stupide.

– Bon, je vais te répondre, je suis d'origine algérienne, voilà. Je n'y ai jamais mis les pieds, je ne parle pas l'arabe et je ne suis pas pratiquant. J'ai toujours vécu à Alfortville dans le neuf quatre.

– Et moi j'ai du sang, arabe, italien, juif portugais et allemand si ça peut te rassurer.

– Ça ne me rassure pas.

– Tu as raison, il ne faut pas se fier aux apparences : mon nom sonne breton, je n'y ai jamais vécu.

– Moi je passais mes vacances d'été en Bretagne, au camping...

– Tu es plus breton que moi alors...

Il rigole.

– Pierre m'a dit un mot sur ton projet, j'ai beaucoup de questions sur le document qu'il m'a transmis.

Ryad allume une cigarette. Et raconte son histoire, en mode accéléré. Il a commencé à la SNCF, il travaillait sur le PassNavigo. Sa direction a tenté de lui apprendre à ralentir. Ça n'a pas marché. Il a vite rejoint une société de conseil en informatique qui développait pour les banques le porte-monnaie électronique Moneo. Puis il a créé sa société et s'est spécialisé dans la monétique, les terminaux de paiement électroniques, les systèmes de caisse.

Il est passionné. J'avale mon troisième petit noir. Le passage de mon livre qu'il préfère est le coup de bluff chez Laurent, le grand restaurant des

Champs-Élysées. Il se marre encore. Et revient sur *NoBank*.

Il a déposé la marque et racheté le nom de domaine.

– Cela ne pose pas de problème de sécurité ?
– Non, les buralistes décaisseront du cash, ça les arrange.

Ryad a envie de faire une belle révolution. Pas de revanche à prendre. Un service à apporter aux gens qu'il côtoie. Bancariser les pauvres et les exclus. Les gens dans la merde, les populations qui vivent en cash, il connaît. Très bien même. Offrir des prix imbattables. La technologie au service de la simplicité et de la performance. Du service et des prix. Mais pas d'angélisme. Il faut être performant. Donc rentable.

Il déroule le business case. Je le challenge, insiste sur les risques, les coûts , la fraude, y compris celle des clients, la sécurité, les processus, le modèle opérationnel, les hypothèses de revenus, la concurrence, les aspects juridiques et légaux.

La conversation dure longtemps, nous sommes dans le concret. Il a réponse à tout, prend note des remarques, doit revoir complètement le coût des risques. La finance est un jeu dangereux.

Il semble satisfait, commande un express, fume une sixième cigarette, m'attrape le bras, plonge ses yeux dans les miens et prend un air solennel :

– Tu as l'air simple pour un banquier, je pensais qu'on allait faire des ronds de jambe et se tâter pendant deux heures.

– C'est un faux banquier, dit Pierre, il y est arrivé par hasard.

Je le reprends :

– Le hasard, je passe mon temps à le provoquer...

Ryad nous coupe. Il s'est fait un avis définitif.

– J'aimerais que tu rejoignes le projet. Mais pour cela, tu dois respecter notre charte.

– Quelle charte ?

– La charte orale des Nobankers...

– Si c'est oral, c'est que c'est solide...

– On a quatre critères à remplir...

– Lesquels ?

– Se marrer. Aider. Changer. Se barrer. Pour l'instant on remplit le premier. On est en passe de régler le deuxième, qui concerne la vie quotidienne de tous les exclus. Si on est aussi brillants qu'on le paraît, on devrait vite achever le troisième et faire évoluer le comportement des banques. Le quatrième découle des trois autres : il faut savoir laisser la place.

– Je ne te suis pas sur le quatrième point. Si tu réussis à créer un élan autour de ton projet, tu devras accompagner tes clients, leur proposer d'autres services, et puis te développer à l'international.

– Je ne suis pas un coureur de fond. Je suis un

sprinteur. Je conçois, je fonde, je lance et je passe le relais. J'aime mettre la technologie au service de la simplicité. J'aime apporter une solution à un problème existant. J'aime mettre en œuvre cette solution et prouver que ça marche techniquement. Je n'aime pas gérer de grosses équipes. Je n'aime pas m'emmerder avec les lourdeurs du système. Je dessine des prototypes et je laisse les autres gérer les merdes. Au bout de trois ans, on fera autre chose. On trouvera un truc où on sera plus utiles. Comme toi, tu as bien quitté Boursorama. Tu es parti parce que tu aspirais à quelque chose de plus grand. Tu n'avais pas vocation à gérer des banques toute ta vie. Tu es allé chercher une nouvelle forme de liberté. C'est cela que j'ai lu dans ton récit. C'est pour cela que je t'ai contacté. J'arrive au moment où tu relances les dés. Moi aussi.

Nous décidons de nous revoir.

Parc Monceau. Je rejoins Ryad. Le lieu est proche des bureaux de Sébastien, son avocat. Il m'embrasse. Ça pique.

Nous marchons. Pour cette première entrevue à deux, nous n'abordons pas le business model, mais parlons de nous. Il est marié avec Ourida. Ils ont deux filles, Emma et Nina, 5 et 9 ans. Moi, à Caroline, quatre enfants, beaucoup plus grands, sauf ma dernière, Ombeline, qui a l'âge de son aînée. Il me raconte son histoire. Son père était journaliste en Algérie. Sa mère et lui se sentaient épiés et les visites des autorités chez eux, de plus en plus fréquentes, les inquiétaient. Ils avaient peur. Ils ont décidé de tout quitter du jour au lendemain et sont venus les mains vides à Lyon. C'est là qu'il est né. Ils évoluent en banlieue parisienne dans un petit pavillon d'Alfortville. Son père meurt quand il a 15 ans, il a une adolescence difficile, se révolte, traîne dans la rue avec des copains peu fréquentables, mais refuse de toucher à la drogue. Il les côtoie encore. Sa mère trouve un travail administratif à l'université de Créteil, ce n'est pas le Pérou, mais c'est plus stable. Il y fait un IUT d'électronique. Le directeur le convainc de se présenter à une école d'ingénieur. Ce sera Rennes.

Le soir tombe sur le parc, nous en faisons deux fois le tour, puis en sortons. Ryad me prend par le bras et m'emmène boulevard de Courcelles. Nous nous asseyons dehors malgré le froid, il fume beaucoup, des Malboro, celles où l'on peut écraser une bille à l'intérieur du filtre pour choisir la saveur mentholée. Il écrase systématiquement les billes. Pas moi. Nous buvons deux pressions, parlons des populations les moins favorisées, celles qui vivent en cash, il les connaît très bien. Nous entrons pour payer, il voit à côté de la caisse des cartes prépayées MasterCard, il ne peut s'empêcher de poser la question au buraliste :

– Vous en vendez beaucoup ?

– Oui, ça marche du tonnerre.

– Combien par jour ?

– Une dizaine...

– Tu te rends compte, me dit-il, ils en vendent une dizaine par jour alors que le taux de commission est de 7 % : les gens sont prêts à payer 100 euros pour avoir une carte chargée de 93 euros. Tu te rends compte la valeur que représente le fait de payer avec un moyen électronique ? C'est du vol. Avec NoBank, ce sera donné.

Benoit G. est le directeur de la communication de Dexia, la banque franco-belge sauvée par les contribuables. Il m'invite à prendre un verre un soir au Park Hyatt Paris-Vendôme, rue de la Paix juste à côté de l'Opéra Garnier. Le bar est situé dans les entrailles d'un immeuble en pierre de taille. Le design est épuré, c'est froid. La convivialité du lieu n'est sauvée que par les jeux de lumières chaudes la nuit. Il me raconte toutes les difficultés de sa tâche. Je me gave d'olives vertes et noires en sirotant une Corona. Je challenge quelques idées avec lui, mes pistes l'intéressent, mais quand je lui demande si nous pouvons faire affaire ensemble, il me dit que son directeur général lui a conseillé de me voir, mais que je ne suis pas compatible avec son président, proche des dirigeants actuels de mon ex-banque de la Défense. Nous changeons de conversation et parlons cinéma. Il est proche d'un réalisateur que j'apprécie. Il me le fera rencontrer.

Je suis invité à tenir une conférence devant le club prestigieux des mécènes du collège des Bernardins. Une belle histoire. Au XIIe siècle, le développement de grandes universités dans toute l'Europe concurrence les lieux de formation qu'étaient les monastères. Le pape Innocent IV mandate en 1245 Étienne de Lexington, abbé de Clairvaux, pour créer le collège Saint-Bernard. Des milliers de cisterciens y seront formés jusqu'à la Révolution française, où le lieu devient un « bien national » et sert de prison pour les galériens ou d'entrepôt, de caserne de pompiers, puis d'internat pour l'École de police. Le collège totalement restauré est aujourd'hui décrit par l'archevêque de Paris comme lieu du dialogue intellectuel et spirituel sans lequel les grands tournants de l'Histoire ne peuvent se prendre dans la sérénité. La barre est haute pour mon discours dont le thème assez vaste est le management des hommes. Je démontre que sortir par le haut d'une situation extrême n'est possible que si la considération portée aux équipes est ressentie à tous les échelons depuis des années. Considérer, c'est avant tout informer, écouter, partager, expliquer.

Devant le Café de Flore où nous n'entrons pas, Ryad m'entraîne dans les rues du Quartier latin, situé « à un quart d'heure d'Alfortville en mobylette ». Il me demande si je suis toujours partant. Je lui dis que le projet me passionne par sa dimension sociale, humaine, mais aussi entrepreneuriale.

– Je n'ai pas de quoi te payer.

– Je bricole avec mes activités de conseil, je n'en ai pas besoin.

– Ça va te prendre du temps.

– Je peux y passer un mi-temps sans aucun problème.

Puis il sort une feuille chiffonnée de sa poche de pantalon. J'y distingue un petit tableau fait sur Excel, qu'il a griffonné.

– Que fais-tu ?

– Je ne peux pas te payer, mais je vais te proposer d'entrer au capital.

Nous nous accordons. Je ne toucherai aucun honoraire et je paierai mon ticket d'entrée à ses côtés pour participer à l'aventure. Faute de revenus, j'investirai dans la société que nous créerons ensemble. Me voici *business angel* d'un établissement de paiement en cours de constitution. Cela n'a rien de rassurant, je mise gros, mais pour la première fois depuis longtemps je sens le souffle de l'espoir envahir mes veines. L'emphase du projet est colossale. Je suis gonflé à bloc et retrouve l'envie.

Je sais aussi que je n'ai pas droit à l'erreur. Mes économies y passeront.

Je me rends quelques jours plus tard à Alfortville, au confluent de la Seine et de la Marne, face à Vitry. Les bureaux sont à deux pas de Chinagora, hôtel en reconstruction qui se veut inspiré de la Cité interdite de Pékin... Inspiré, de très loin... L'immeuble de la rue de Charenton, où se trouvent les bureaux de Ryad, jouxte la Seine. Les reflets de l'eau donnent une lumière particulière aux locaux. Un plateau de 200 mètres carrés en open space regroupe les « technos » qui travaillent sur le projet. Les murs sont vert pomme, les toilettes, dans les parties communes de l'immeuble, la salle de réunion, au fond du plateau, à côté de la kitchenette où trône un percolateur Nespresso à deux réservoirs. Je rentre dans la salle de réunion à moitié enfumée, Ryad tire sur sa Marlboro devant la fenêtre, Pierre est assis sur le cadre de sa bicyclette, posée là.

Il balance d'entrée :

– Bienvenue au milieu des beurs et des blacks, je me sentais un peu seul jusqu'ici.

Tout le monde rigole, sauf Ryad, qui le reprend :

– Ne parlons pas de notre diversité et du côté improbable de notre histoire comme si nous en étions les premiers surpris ou que l'on considérait ça comme un atout. On risque de se faire piéger, en particulier pour des mecs experts en communication et issus des beaux quartiers. Va falloir nous habituer à trouver notre aventure normale, zyva ouech mon frère : que ce soit clair mes amis.

Je suis loin de la Défense. Tour de table. J'apprends que Ryad a créé ABM Technologies en 2000 et qu'il est un spécialiste reconnu des terminaux de paiements électroniques et de toutes les solutions de porte-monnaie. Le petit boîtier, celui où l'on tape son code après y avoir inséré sa carte bancaire, est relié à tout le système global, mais aussi à tous les commerçants. Ce terminal peut donc servir à autre chose que de payer une prestation. Il peut permettre de recharger une carte prépayée, de distribuer un code de recharge de téléphonie ou d'effectuer un transfert d'argent. Le client donne du cash au commerçant, qui crédite son propre compte et envoie par Western Union ou MoneyGram instantanément la somme voulue au bout du monde, moyennant commission. Il développe et dépose des brevets dans tous ces domaines et connaît de bons succès depuis quelques années. Cela peut paraître simple, mais c'est une petite révolution : chaque commerçant du monde peut désormais offrir, au-delà des produits physiques qui font sa spécialité, des prestations de services dématérialisés. Rien de moins que toute la téléphonie et l'ensemble des flux financiers. Toute transaction peut se faire depuis n'importe quel point de vente. Les agences bancaires et boutiques Orange auront bientôt du souci à se faire...

Philippe Ramalingom est jovial, il s'empiffre de gâteaux secs et de bonbons. Indien de Guadeloupe, fils d'ouvrier agricole dans une rhumerie, devenu sur le tard gérant d'une station-service Esso entre Le Gosier et Sainte-Anne, il est électrotechnicien et a son CAP. Commercial et tchatcheur dans l'âme, il reprend un bar PMU où il s'ennuie assez vite. Il devient représentant dans la téléphonie, marche bien. Orange en fait son agent pour distribuer les cartes téléphoniques prépayées dans les Dom-Tom. Philippe et ses commerciaux livrent des centaines de commerces, il est sur la route toute la journée et parle des heures avec tous, il est affable, gai. Sa société de distribution est florissante. Philippe est le deuxième actionnaire de NoBank après Ryad.

La gestion des cartes prépayées en plastique est fastidieuse : logistique, rupture de stock, manipulation, fauche. C'est onéreux et cela consomme une partie trop contraignante de son temps. Il rencontre Ryad par hasard autour du salon GSM, qui réunit les professionnels de la téléphonie mobile. Ryad tente d'y vendre la solution qu'il vient de breveter, Ingevoucher, qui dématérialise ces cartes. Le client n'a plus à gratter un numéro sur un support plastique, les codes voulus sont directement imprimés sur le ticket qui sort du terminal de paiement – le boîtier où le client saisit habituellement son code. Les réseaux de distribution de France avaient choisi le concurrent, Schlumberger, une grande marque, mais qui ne donnait pas entière satisfaction. La solution de Ryad ne trouve pas preneur en Métropole. Philippe lui achète le logiciel et sauve du dépôt de bilan la société de Ryad. Il commence par dix points de vente. Aucun bug. Les concurrents viennent voir Ryad pour avoir la même licence, mais il donne l'exclusivité sur ces territoires à son sauveur. Philippe fédère en quelques semaines plus de 1500 points de vente, c'est le début de leur success story commune.

Aujourd'hui, Ingevoucher effectue 45 millions de recharges par mois pour tous les opérateurs téléphoniques dans 38 pays, dit Ryad. Suncard, la société de Philippe R., fournit maintenant 5000 points de vente dans tous les Dom-Tom, de la Guadeloupe à la Guyanne... C'est la vente de ce brevet qui a permis de financer les premiers développements de NoBank.

Je me demande pourquoi les grands groupes qui ont d'énormes équipes de marketing, d'innovation et de développement n'y ont pas pensé. La réponse est simple, Ryad et Philippe vivent au milieu des clients. Pas eux.

Michel Calmo est né en Martinique. Il travaillait auparavant pour l'américain Exxon dans le pétrole, où il est devenu responsable des investissements pour l'ensemble des Caraïbes et de l'Amérique latine. Solide, sportif, il court une heure tous les matins, il aime ses îles qu'il parcourt tous les week-ends en bateau avec famille, musique, amis, ti punch et cigares, qu'il fume en nageant sur le dos. Il a rejoint Suncard pour se recentrer sur l'essentiel, ses proches, et arrêter de parcourir les deux Amériques ; il en est le directeur général, il sera aussi celui de NoBank. Extrêmement réservé et humble, d'une précision redoutable, je n'apprendrai que beaucoup plus tard qu'il sort de Centrale Paris.

Philippe Lévêque et Thierry Michel ont des passés dans la téléphonie. Ils sont les associés, avec Jean-Baptiste Pondévy, d'une société qui gère et entretient les caisses de 4 000 buralistes en France, les plus ouverts à l'informatique, les mieux placés dans les rues marchandes. Plus de 100 nouveaux points de vente rejoignent leur réseau chaque mois. Le facteur clé de succès est l'avance technologique et la facilité d'usage pour le commerçant...

Nous rentrons rapidement dans le vif du sujet.

– Hugues, que penses-tu du business model ?

– Le système d'ouverture de compte est révolutionnaire, aucune banque n'a cette efficacité. Personne n'utilise la dématérialisation, personne ne vérifie électroniquement les documents d'identité, aucun établissement ne permet de partir en cinq minutes avec sa carte activée et son relevé d'identité bancaire. Je n'ai pas de commentaires sur les technologies utilisées, je ne suis pas compétent.

– C'est ma partie, dit Ryad, c'est garanti cent pour cent.

– Il sait tout faire dit Philippe, un iPod ou n'importe quel soft, il n'a pas de limites.

– C'est du temps, dit Ryad, du boulot, mais ce n'est pas un challenge, je sais faire.

– Ouvrir le compte chez le buraliste sera redoutable, le besoin de lien social, de proximité n'a jamais été aussi fort. L'image des banques est très dégradée depuis la crise. Offrir un service très basique, sans objectif de fourguer autre chose à côté est dans l'ère du temps. Les gens veulent payer le juste prix pour la juste prestation, sans fioritures ni frais cachés...

– Arrête avec tes études sociétales à la con, m'interrompt Ryad. Les gens sont au bout du rouleau, c'est tout. Il y a quasi 5 millions d'inscriptions au fichier de la Banque de France : on apporte une solution à ceux qui n'en ont plus. Point barre. Les kaïras, les paumés, les vieux, les moches, les malades, on prend tout ! Pas besoin d'éplucher des sondages pour comprendre leurs besoins...

Sa réaction me fait rire. Je sais aussi qu'aucune étude n'a su sonder avec fiabilité un public potentiel sur une offre encore virtuelle. Personne n'a cette imagination. On ne peut pas dire « je veux l'acheter », d'un truc dont on n'a pas idée de l'existence. Je continue mon développement :

– J'ai une réserve sur le business model, les fraudes seront beaucoup plus nombreuses que vous le pensez, j'ai déjà payé pour voir chez Boursorama, même si nous n'autorisons pas les découverts. Les fraudeurs sont souvent les premiers clients.

– Les pauvres ne baisent pas les pauvres, s'élève Ryad. Ce sera comme l'assurance bagnole de la dernière chance, les clients ne demandent jamais les remboursements de peur d'être exclus et de ne plus pouvoir rouler...

– Un nouveau modèle attire toujours les plus aigrefins des opportunistes, ils tenteront d'en trouver les failles. Il faut prévoir dans le business plan un coût de fraude par carte au moins équivalent à celui du marché. On verra ce qui se passera, mais on n'a pas le droit de ne pas anticiper le pire...

– OK, on va voir ce que ça donne... On va mettre les chiffres dans les cases. Ensuite ?

– Le nom NoBank est trop bobo-écolo, comme le

livre *No logo*, c'est bien sûr le plan médiatique, mais pas rassurant *in fine*. Les clients ne déposeront leur argent chez nous que s'ils ont confiance. Pas dans une non-banque...

– Non, non, hin hin hin, non, non, hors de question, s'agite Ryad, on garde NoBank ! Sa voix est rauque, j'ai racheté une fortune les droits sur cette marque et les noms de domaines associés en .fr et en .com, c'est pas pour changer.

– Ce n'est pas parce que tu as fait une connerie, qu'il faut en faire deux. Penses-y, les clients doivent voir en nous des tiers de confiance, pas des agitateurs. Agitateur d'idées, ça marche pour la culture, pour la téléphonie, mais pas pour la banque : regarde Cantona, il n'a même pas retiré le cash de son guichet après tout le ramdam qu'il a fait...

– Pas d'accord. Nous, le système, on le nique, comme Free. On ne perd jamais rien à rester soi-même. On ne va pas se cacher derrière son petit doigt, on va montrer les crocs !

Je ne suis pas au bout de mes peines. Je complète :

– On va surtout montrer qu'on est plus sûrs, plus simples, moins chers...

Puis nous abordons le prix de vente de la carte NoBank. Plusieurs options sont envisageables. Un abonnement annuel entre 10 et 20 euros, et des commissions à l'acte pour les retraits et dépôts de cash. Leur prix variera à la baisse si l'abonnement est dans la fourchette haute.

– Bon, j'ai des potes racailles qui viennent boire un coup à la maison ce soir, dit Ryad, je benchmark les options entre 15 et 20 balles. Je vous briefe sur mon feed-back terrain dès que j'ai leurs retours.

Pierre gribouille ses idées sur un bout de papier, je tapote sur mon ordinateur Dell. Ryad nous regarde et soupire :

– Quelle bande de ringards...

Le samedi suivant, je reçois un texto, je le lis :

Salut Hugues, Passe lundi vers 15 h au boulot. Viens sans PC. Je vous ai bichonnés, tu verras.
Ryad

Puis le dimanche, un mail :

Pierre, Hugues, Je vous ai configuré un Mac Book Air chacun avec l'accès à vos emails, agenda NoBank, basecamp pour les projets, Skype pour la communication vidéo, et audio et quelques bookmarks importants : Google / Google MAP/RATP/Infos... Vous n'avez qu'un seul mot de passe (que je vais vous envoyer par SMS et qu'il faudra changer) pour l'ensemble des services (ouverture, surf, Skype, mail...). L'ensemble des autres codes sont enregistrés de façon sécurisée et libérables sur présentation du premier mot de passe. J'ai quelques recommandations à vous donner à ce sujet, car le mot de passe est le point faible de la sécurité. Je vais vous faire votre configuration iPhone pour être complètement connectés et synchronisés sur vos contacts, agenda, emails, basecamp, skype & mindmapping. Y a plus qu'à l'allumer et à l'utiliser. Ready to work.

Ryad ne peut toujours pas s'empêcher de bricoler le week-end. Il a juste changé de dimension.

– Great, lui dis-je, ça va être top.
– Oui, c'est nickel. Vous avez intérêt à le planquer ou vos kids vont vous le squatter.

Salut Hugues, pour notre dîner de lundi soir, je te propose de venir rue Édouard-Vaillant à Alfortville, disons 19 h 30-20 h 00. C'est une maison entièrement en bois, où j'habite depuis quelque temps. L'endroit est agréable, sans micro, ni caméra, à l'image de ce que j'avais imaginé ; autre bonne occasion de dépasser les apparences. Pour le dîner, je te propose quelques éléments de base : pain, beurre, jambon, fromage… Quelques verres de vin pour la couleur et un feu de bois pour la chaleur. Nous devrions donc être à distance suffisante des homards entiers en salade, des saint-pierre cuits doucement dans un beurre d'algues ou des discussions convenues. En clair, tout ce qui me plaît. Confirme-moi.

Je lis le mail de Ryad. Je m'amuse de le voir me parler de charcuteries... Je ne m'attendais pas forcément à un tajine. J'aime bien son clin d'œil aux homards du restaurant chic chez Laurent – c'était un moment fort de mon dernier livre.

Nous avons rendez-vous à l'Autorité de contrôle prudentiel (ACP), le régulateur français des banques et des assurances, dans quinze jours pour présenter le projet. Ryad m'envoie un mail :

Un peu de docs qui devraient t'intéresser. Fais-moi ton retour.

Le dossier fait à ce stade 1000 pages. Je les avale dans les moindres détails, comme quand je préparais mon entretien devant le Financial Services Authority (FSA) à Londres pour devenir une *approved person* en qualité de *Director* du premier broker en ligne d'outre-Manche. Un côté scolaire qui ne me déplaît pas. Je prends du plaisir à tout décortiquer, cela m'étonne : étudiant, je passais mon temps à rêvasser... Je remplis des petites fiches et annote tous mes commentaires. Ce dossier est ficelé par des gens de terrain et des geeks, sa simplicité par rapport à tout ce que j'ai vu pendant des années dans tous les comités m'interpelle. Beaucoup de fautes d'orthographe, peu d'erreurs conceptuelles. Que des cas précis. Pas d'études de marché, de développements en trois parties, que du vécu, un pragmatisme désemparant.

L'immeuble de la rue Taitbout est biscornu. Nous nous enfonçons dans les méandres des couloirs et bureaux vitrés guidés par la plus junior de nos interlocuteurs du jour. Nous nous asseyons autour d'une grande table ovale où sept personnes très organisées présentent dans l'ordre hiérarchique leurs missions et compétences. Costumes gris, jupes droites, cravates serrées, dos raides, cheveux courts. Nous faisons de même avec un peu plus de désordre, puis introduisons notre projet. Ils en ont eu une présentation écrite auparavant. Ils ne se prononcent pas sur le fond, mais nous détaillent la quantité de pièces à fournir et les différentes étapes avant de pouvoir étudier le dossier pour un éventuel agrément. La liste des livrables est colossale. Tout doit être documenté. Chaque processus décrit, chaque étape argumentée, chaque pièce du puzzle doit démontrer sa solidité technique et juridique. Sans le tampon de l'ACP, nous ne pourrons exercer l'activité, sauf à nous faire agréer beaucoup plus facilement en Belgique, au Luxembourg, à Gibraltar ou dans n'importe quel pays de la Communauté, souvent moins rigoureux. Nous privilégions le régulateur domestique pour son niveau d'exigence. Cela rassurera nos futurs clients sur le sérieux de nos opérations. Deux heures techniques se passent.

Au moment de tout remballer, le chef donne un coup de coude à son second, qui prend la parole :

– Ah, j'allais oublier, dernier point, la marque, vous ne pouvez pas utiliser NoBank.

– Pourquoi ?

– Vous aurez un statut d'établissement de paiement, mais pas d'établissement de crédit, vous ne serez pas une banque, et ne devez pas être assimilés à une banque...

– Nous allons bien distribuer à nos clients un relevé d'identité... bancaire, s'enflamme Ryad,

– Vous ne pouvez pas choisir cette marque...

– Mais nous avons No devant Bank... la confusion n'est pas possible.

– Tout le monde ne parle pas l'anglais, monsieur...

– Nous sommes une no banque, tout le monde peut comprendre ça.

– Non, je vous dis.

– Un autre établissement de paiement nommé Transact Network Limited est autorisé et régulé par la Commission des services financiers de Gibraltar, il utilise la marque Nobanco en France...

– Eh bien on va s'en occuper. Pour vous, ce ne sera pas possible, voilà, chapitre clos !

– Et si nous changeons le nom de la société, mais gardons NoBank pour la seule marque commerciale sur nos cartes de paiement.

– Non.

– La Française des jeux utilise bien Banco illiko et ce n'est pas une banque...

Rien à faire, ils sont fermes.

Rien à faire, Ryad ne veut pas lâcher SA marque.

Nous nous quittons aimablement, chacun persuadé d'avoir convaincu l'autre.

En sortant, Ryad me donne le résultat de son dîner racaille.

– Le bon prix est de 20 balles : 15 euros, c'est rien, ça fait trop chelou... 20 euros, c'est un bifton. Je te laisse décoder.

Il sourit.

J'ai aussi un dîner ce soir, je vais ouvrir grandes mes oreilles car je crois que malgré tout je commence à m'embourgeoiser.

Je me rends dans la maison en bois d'Alfortville. La mère de Ryad est là, elle passe souvent voir son fils le soir. Je suis frappé par sa jeunesse. Elle me salue, nous parlons ensemble quelques minutes, puis elle s'éclipse pour aller dîner chez sa fille.

Ryad me fait faire la visite du propriétaire. Ce n'est pas la maison qu'il habitait petit. Celle-là aussi, il l'a complètement retapée, mais c'est Sakina, qui y habite, à deux rues d'ici. Ryad a ses racines. Le pavillon détonne dans une rue qui commence par un Monoprix et où de vastes immeubles de briques s'élèvent sur cinq ou six étages, ils sont aussi moches que ceux des portes de Paris et des boulevards des Maréchaux. De nombreux petits magasins éparpillés font la jointure ente habitations communes et pavillons, l'alimentation générale, le bar-tabac tenu par une famille chinoise, l'atelier des compagnons de France, quelques pas-de-porte aux rideaux baissés où l'on distingue un autocollant usé « à louer ». En face, la Maison de la famille et de l'accès aux droits, qui fait aussi relais d'assistantes maternelles. Les maisons ressemblent à celles des villes de bord de Loire, comme Gien, Sully ou Châteauneuf, reconstruites après les bombardements au début des années 1950 : elles sont petites, sombres et sans aucun intérêt architectural. Des camionnettes et des petites voitures sont garées à touche-touche de part et d'autre de la rue, aucune n'est neuve. Mais au numéro 136, un large escalier de teck ouvre sur les portes d'un autre monde en demi-étage, feutré et chaleureux, avec boiseries et baies vitrées. La vue donne sur un jardin arrière en contrebas, arboré de quelques acacias. Le style détonne dans ce coin du Val-de-Marne. Une seule pièce réunit la cuisine, la salle à manger et le salon, elle est surélevée par rapport à la rue et donne sur la verdure plein sud. Un escalier monte vers les chambres. La seule œuvre d'art est le feu dans la cheminée.

– Tu vas bien t'amuser avec nous. On est pas mal différents dans la forme mais finalement assez peu dans le fond.

Nous buvons un chardonay. Ryad fait le va-et-vient avec la cuisine où il a tout préparé et étale sur la table basse des salades, des jambons italiens, des cornichons et un beau plateau de fromages. Nous parlons de nous, de tout sauf des affaires, de nos enfances, il me raconte la sienne à Alfortville, je lui dévoile la mienne, plus rurale au sud, en Seine-et-Marne.

Quand nous sommes bien entrés dans la conversation, que tout est devenu fluide, alors que nous profitons à plein du repas, il en vient au sujet de fond :

– Je m'aperçois qu'il y a une question que je t'ai pas posée, qui est cruciale et pour tout dire je m'étonne de ne pas l'avoir posée plus tôt. Je viens de traverser deux deuils proches qui ont touché ma mère – Jean, mon beau-père, est mort d'une hémorragie cérébrale – et ma femme – sa sœur avait un cancer du poumon. En gros les deux femmes de ma vie ont été frappées par la mort. Je m'associe sur un projet ambitieux avec des gens qui me semblent ressemblants malgré leurs différences apparentes et que je connais depuis peu. Autant te dire que la période a fini de balayer mes dernières certitudes, et pourtant je n'ai jamais été aussi convaincu et déterminé. Ce job comporte une grosse responsabilité que je porterai autant que je pourrai, à tout point de vue, mais toi aussi tu en porteras beaucoup. Alors qu'est-ce qui fait que tu me fais confiance ?

La question me surprend et me touche. Il me dit sa reconnaissance et me force à répondre. Pourquoi ce garçon qui sort de nulle part, dont je n'ai jamais entendu parler m'inspire-t-il confiance ? Il connaît depuis quelques jours un de mes amis qu'il a rencontré par hasard –voilà notre seul lien. Je prends le temps de réfléchir. Ryad m'a tout de suite plu par son ton direct, son engagement total, sa précision, son enthousiasme d'entreprendre et de réussir coûte que coûte ce projet. Son track-record est éloquent. Sa personnalité, très attachante. Sa volonté, sans failles. Quand quelque chose lui tient à cœur, il ne se pose pas de questions existentielles. Je lui réponds :

– La force de ta conviction. La densité de ton regard, dans les yeux. Cela sonne franc. Tu te regardes en face et tu fonces. J'aime ça.

– Je ne me suis jamais senti aussi fort que depuis que j'assume qui je suis – dans le bon comme dans le moins bon – avec pour obsession d'être juste et finalement d'aider. Ta confiance, votre confiance, alimente cette force. Ça confirme ce que je pensais.

Nous attaquons franchement la bouteille de blanc et le plateau de fromages et passons la soirée à parler de nos parcours. Sur le pas de la porte, tard le soir, Ryad me dit :

– On va bien se marrer.

L'histoire se répète, l'été 2011 s'affole et fait mentir tous les prévisionnistes. L'économie se met à paniquer au-delà du raisonnable. Après les banques en 2008, c'est la Grèce qui met le feu aux poudres cette fois, elle est incapable de faire face à ses échéances pharaoniques. Les banques prêteuses risquent d'êtres plantées par un État européen... Le risque d'effet domino menace à nouveau la planète finance. Les investisseurs perdent confiance et arrêtent de prêter aux États réputés les plus fragiles. *Portugal, Ireland, Greece, Spain* sont rapidement regroupés dans l'enclos des PIGS, celui des porcs gavés de dettes. Si la Grèce ne rembourse pas, l'Italie et l'Espagne tomberont aussi, leurs créditeurs avec, avec tous les effets d'enchaînement sur les autres prêteurs, banquiers, fonds d'investissement et assureurs européens. L'apocalypse redevient probable, c'est la panique sur les marchés, les bourses s'effondrent à nouveau. Pour calmer le jeu, la Banque centrale européenne inverse les lettres et monte le plan de sauvetage des GIPS. L'économie s'arrête net. Les entreprises coupent recrutements et investissements et amplifient le phénomène de crise.

La Grèce est dans l'œil du cyclone. Son peuple ne veut pas payer pour l'inconséquence d'années de gabegies et de laxisme, où la comptabilité publique laissait à désirer et où les impôts étaient prélevés en dilettante. Le paroxysme avait été atteint lors des Jeux olympiques d'Athènes : les travaux avaient laissé une ardoise de 9 milliards d'euros. L'opposition avait alors qualifié le ministre des Finances de... guignol !

Nicolas, un ami entrepreneur, m'appelle. Il vient de vendre une société à Paris, mais l'acquéreur ne reprend pas le bail de la rue de la Trémoille à Paris. Il se retrouve seul avec 200 mètres carrés sur les bras et me propose de le rejoindre. Après Stan, Philippe et Charles, plusieurs clients ont fini par me rejoindre, les conférences paient désormais, j'en ai les moyens. Nicolas est un personnage atypique. Industriel dans la cartonnerie à l'origine, il est passionné de théâtre et de cinéma. Alors qu'il dirige une usine dans le Nord, il file souvent les après-midi au cours Florent, qui forme à Paris des professionnels de l'art du jeu et de la comédie. Il enlève alors son costume dans sa voiture, passe un jean et monte sur les planches avant de retourner au bureau. Un peu plus tard, il vend ses usines et devient le producteur d'un clown-mime talentueux, Julien Cottereau, qui, au-delà de ses spectacles européens, crée pour les enfants victimes de la guerre, de la misère et de l'exclusion. Il réalise des tournées de la Palestine à l'Afghanistan, du Soudan à la Chine. Nicolas va au bout de ses passions, il rachète aussi une société d'agents de comédiens, de scénaristes et de réalisateurs et une agence de relations presse spécialisée dans le cinéma. Je quitte sans hésiter l'incubateur de Saint-Cloud et m'installe dans le triangle d'or. Les autres locataires sont tous des amis de Nicolas. Natascha dessine et vend des maillots de bain qu'elle fait fabriquer en Italie. Laurent assemble à Marseille des semi-rigides rapides pour pompiers et gendarmes. Éric, Didier, Xavier et un autre Laurent tentent de développer un fonds d'investissement, l'époque n'est pas propice. Isabelle est l'attachée de presse d'Omar Sy. L'ambiance est très chaleureuse.

Le Premier ministre grec tente de constituer une équipe gouvernementale consensuelle pour faire respecter « la voie du devoir », celle qui permet d'obtenir l'aide du Fonds monétaire international et de l'Union européenne.

Face à ce plan de sauvetage indigeste, le peuple est dans la rue, les violences se multiplient. Le vote de confiance pourra-t-il inverser la vapeur ? La victoire ou l'échec entre élus ne calmera vraisemblablement pas l'exaspération populaire. Que Papandréou reste ou pas, la politique d'austérité risque de buter encore et encore contre le mur de la révolte populaire.

Les cours des banques s'effondrent. Un risque de défaut coûte beaucoup plus cher que l'exposition directe. Il coûte la perte de confiance dans la signature des États, leur capacité de refinancement, la chute des prévisions de croissance... et par effet de cascade, la crise économique par la baisse de prix de nombreux actifs et au bout du compte, la valeur globale du bilan des banques et leur capacité à financer la croissance. La mesure d'un éventuel défaut de la dette grecque se comptera par réactions en chaîne, l'onde de choc se propagera comme un crédit subprime. C'est cet effet d'entraînement macroéconomique que tout le monde craint. Ce qui se joue dans les rues d'Athènes entre un peuple épuisé et une classe politique divisée est considérable.

Ryad organise un barbecue dans son jardin d'Alfortville avec ses « ingés, » tous spécialistes de monétique, dématérialisation, serveurs, etc. J'arrive un peu tard, des pommes de terre cuisent dans du papier d'aluminium à même les braises dans la terre, des merguez transpirent sur un grill, les cadavres de bouteilles de bière s'entassent à côté d'un grand sac-poubelle, les conversations et blagues vont bon train. Les uns sont assis sur des chaises pliantes, les autres ont le pied sur un tronc d'arbre coupé ou la fesse sur un bord de table de jardin. Tenue de week-end et tenue de bureau ne changent pas : tee-shirts, jeans, blousons, barbes de trois jours. Il fait nuit noire. Des enfants courent dans tous les sens. Chacun me raconte sa vie, ses loisirs. Puis Yann me prend par le bras et me dit :

– Tu sais, le jour où tu as accepté de venir, Ryad a couru dans le couloir pour nous le dire à tous, il était hyper heureux. Il ne pensait pas qu'un banquier puisse nous rejoindre un jour. Il ne le te dira pas par pudeur, mais il est très fier.

– C'est moi qui suis fier d'être avec vous. Je ne savais pas que l'on pouvait travailler avec autant de simplicité et d'efficacité.

Les lumières de septembre couvrent de cuivre le boulevard Victor et rendent fluorescente l'herbe du T3 Sud. Ce tramway a un nom de science-fiction. Il fend Paris du pont de Garigliano à la porte d'Ivry. La ville est encore déserte. Deux Vélib' passent leur chemin. Un seul bistrot est ouvert. L'été jette ses derniers feux, avec des reflets ocre et or. Les ombres du mobilier urbain forment d'immenses étendues anthracite sur le sol. Je flotte sur les pavés à vive allure alors que je me rapproche du parc des Expositions. Je me sens libre. Je boucle mon scooter et m'engouffre dans le salon Losange Expo. On y attend 8 000 buralistes. Je passe devant les vigiles sans badge, je suis bien habillé et sûr de moi. Je rejoins le stand Bimédia, notre partenaire qui propose des solutions de gestion : systèmes de caisses, terminaux de paiement, écrans tactiles, nouvelles technologies et offres de services dématérialisés, recharges téléphoniques, transfert d'argent, cartes bancaires prépayées... Autant de nouveaux services qui d'année en année prennent le relais du tabac, de la téléphonie et des jeux, dont les ventes subissent la hausse des taxes ou la concurrence d'Internet.

J'ajuste ma veste et m'installe derrière la borne d'accueil du stand. Dans quelques instants la ministre du Budget, le directeur des Douanes et le président de la Confédération des tabacs et leur aréopage de conseillers inaugureront le salon et débouleront sur le stand. La communauté des 28 000 buralistes de France est importante pour l'État. Elle collecte à elle seule près de 20 milliards d'euros de recettes indirectes, soit le gros tiers des seuls intérêts de la dette publique. Treize millions de clients passent devant leurs caisses chaque jour. Un poids politique important. Je sais que j'aurais moins de trois minutes pour leur expliquer notre nouvelle offre. Ryad me remet mon badge.

– Tu n'as pas eu de problème pour entrer, me demande-t-il ?

– Non…

– Moi, si, les vigiles m'ont bloqué le passage, j'ai insisté en disant qu'on m'attendait sur le stand, mais ça n'a pas marché. La sécurité est arrivée au bout de trente secondes. Heureusement, j'ai pu appeler Pierre, qui m'a apporté mon badge et le tien. Ils étaient entrain d'appeler la police ces cons…

– Je ne leur ai rien demandé, je suis passé sans détourner le regard, c'est tout… Tu aurais dû faire pareil.

– Avec ma tête de Reubeu ?

Il me tend le poing, sourire en coin. Je cogne dedans avec le mien, histoire de dire que j'apprécie son humour, mais au fond de moi je sais que Ryad prend cet air dégagé pour masquer la douleur qui ne le quitte pas depuis la maternelle. Il se sent toujours un invité. Il lui était arrivé la même chose quelques mois auparavant, à Saint-Pancras. Il avait été le seul à qui on avait vérifié le passeport et fouillé le corps à la sortie de l'Eurostar. Ryad, cheveux frisés, mal rasé, basané... Français pas tout à fait comme moi. Enfant, ses parents lui mettaient cette idée dans la tête. Aujourd'hui, ce sont les regards quotidiens qui réveillent ce sentiment.

Le dialogue avec Ryad me rappelle un article de presse lu quelques années auparavant. En 2007, l'Open Society Justice Initiative avait lancé une étude sur les contrôles de police dans cinq sites parisiens autour de la gare du Nord et de la station RER Châtelet-Les Halles. L'idée était de rapporter la physionomie des personnes contrôlées à l'ensemble de la population. Les résultats étaient accablants. Les Noirs couraient davantage de risques que les Blancs d'être contrôlés par la police ou la douane (entre trois et onze fois plus selon les lieux de contrôle). Pour les Arabes, c'était entre deux et quinze fois plus. Les fonctionnaires se défendaient en expliquant qu'ils visaient d'abord les vêtements : les styles hip-hop, punk, gothique ou tout simplement « jeune » représentaient la moitié des contrôles. Mais aujourd'hui Ryad est en costume, cravate, chemise blanche. Et c'est toujours lui que l'on contrôle.

Le comité de pilotage se réunit à Alfortville tous les mercredis. Michel est souvent en Guadeloupe et participe par Skype. La salle de réunion est petite, nous nous serrons à huit ou dix autour d'une table ovale, Pierre, Ryad, Antonio, le directeur de l'informatique, des consultants, des stagiaires... Nous pilotons l'avancement du projet autour d'une multitude de fils de recharge d'ordinateurs et de mobiles, de câbles de connexion au vidéoprojecteur ou aux prototypes de terminaux de paiement électronique. Pas un papier, pas un crayon, tout en ligne.

Au milieu de cet espace encombré, posé au milieu de la table, le MPad. Cette machine orange et blanche sera au cœur de notre dispositif. Ryad l'a conçue et en a déposé le brevet. Il en a eu l'idée après avoir développé pour MoneyGram des offres de transfert d'argent chez les buralistes, où les mouvements de cash transitent par le compte du commerçant moyennant commission. La solution a rencontré un franc succès en quelques trimestres, mais la procédure d'ouverture de compte reste fastidieuse. Les photocopies et les formulaires en papier encombrent les zincs et demandent beaucoup de manipulations et de vérifications physiques.

Le MPad est un scanner simplifié de format dix pouces, couplé sur son capot à une tablette interactive. Ryad a remplacé le fastidieux balayage lumineux par un petit appareil photo. Cela permet de gagner quinze secondes. Au-dessus, l'écran tactile permet de choisir des menus, de regarder des vidéos de démonstration, de signer tactilement les conditions générales de vente, de valider les données extraites par l'appareil. Le MPad accueille les documents d'identité, en reconnaît les données, les extrait à l'aide de technologies de reconnaissance optique de caractère (OCR) et les affiche dans le bon ordre sur l'écran : nom, prénom, date de naissance, date de validité, etc. Ainsi présentées, elles partent sur les serveurs et sont vérifiées par la cohérence des algorithmes, des dates, des noms, par la taille des caractères, etc. Elles sont ensuite croisées avec les listes de personnes sensibles et reviennent s'afficher sur l'écran en quelques millièmes de secondes.

Notre système d'ouverture de comptes sera complètement dématérialisé, l'extraction électronique des données nous évitera toute saisie. Les dossiers clients seront constitués automatiquement en moins de cinq minutes. Le buraliste n'aura plus qu'à valider les données affichées et activer la MasterCard. Le client repartira avec son RIB, sa carte et ses identifiants internet, il recevra dans la foulée ses codes sur son mobile. Plus besoin de banque...

La cafetière est en panne. Les fauteuils hétéroclites nous installent chacun à des hauteurs différentes. Par miracle, les accoudoirs se juxtaposent et tout le monde a accès à son petit bout de table. Il fait un peu froid, les fenêtres sont toujours à moitié ouvertes pour évacuer les restes de fumée accumulées lors des pauses cigarette. Toutes les deux heures, nous ouvrons grand pour les fumeurs. Un grand tableau blanc expose formules mathématiques et descriptions de processus, différents chaque semaine. Du grand art. Le mur du fond est vert pomme. Des cartons de matériel s'entassent dans les coins, les manteaux s'empilent à même la moquette. On se sent aussi bien que dans une cité universitaire.

Chaque semaine, nous cochons les cases d'avancement du projet. Nous balayons le dossier d'agrément par la Banque de France, il fera finalement 4000 pages, les contrats avec nos grands partenaires, les plannings, le suivi des opérations, les recrutements, les budgets. C'est très serré.

Le projet prend vite une ampleur extraordinaire. Nous devons nous « staffer » et embaucher. Pierre a l'idée de nommer un Chief Launch Officer. Un gars qui connaît la banque, qui a déjà monté toutes les opérations *from scratch*, un pointilleux de chez pointilleux. Il l'avait comme client lorsqu'il était publicitaire. Il s'appelle Olivier de Montety. Je l'ai connu quand il avait monté avec succès Fimatex, l'ancêtre de Boursorama. Puis il avait lancé de toutes pièces Zebank, une banque tout numérique au moment de la bulle Internet. L'opération était partie en cacahuètes pour des raisons multiples qu'il n'avait pas encore tout à fait digérées.

Cette idée de contacter Olivier me plaisait. Il avait connu un succès. Il avait connu un gros échec au moment de l'éclatement de la bulle Internet où les financements s'étaient brusquement taris. Il avait été en position de responsabilité plusieurs fois avec les conséquences que cela peut avoir. Je préfère ce type de profil aux consultants salariés, éternels conseilleurs, jamais payeurs. Je préfère un gars qui a connu l'échec, à une tête à claques qui sait tout sur tout parce qu'il a été choyé, qu'il a brillé en maths ou dans les études à 20 ans, qui n'a connu que les bureaux de luxe et croit que tout cela lui revient de droit. Un vrai entrepreneur aura moins de certitudes et ses réflexes de prudence nous serviront... À condition de pouvoir le gérer.

Olivier commence par jouer la provocation. Votre truc ne marchera jamais, pour telle, telle et telle raison. Vous avez omis ceci-cela, vous vous plantez ici, vous êtes légers là. Son côté gros chien qui aboie nous amuse, nous savons qu'il ne mordra jamais. Il pose beaucoup de bonnes questions et sait gérer les gros projets. Il faudra le dénouer, lui apprendre à parler moins fort et à écouter davantage, mais sa valeur saute aux yeux. Son désir d'en découdre avec le système aussi. Il a une admiration sans bornes pour Mélenchon. Plus grande gueule que lui, tu meurs... Nous signons avec lui. Il fait venir un de ses anciens adjoints, prénommé Olivier aussi, devenu consultant indépendant. Les deux Olivier vivent des contrats qu'ils vont chercher chez les clients avec les dents, souvent de courte durée. Les carnets de commandes ne sont pas toujours pleins et il leur arrive de tirer le diable par la queue. Il y a dix ans, ils étaient courtisés dans tout Paris, aujourd'hui, après avoir été mis à l'index à cause de leur « échec » et dans une conjoncture difficile, ils rament pour survivre. Cette rage au ventre sera un moteur supplémentaire pour nous. Leurs compétences sont rares. L'équipe prend forme.

Côté Achèle, cinq clients me font désormais confiance avec des contrats long terme. Je déclare sur le site du Pôle emploi que j'ai travaillé tout le mois et me désinscris. J'aurais touché l'indemnité chômage pendant six mois. La totalité de la somme sera engloutie dans le trou béant de mes impôts, calculés sur les revenus de l'année... précédente. Heureusement que j'avais des réserves. Je n'ai pas tout flambé dans mes années de réussite et cela me sauve.

Je consacre un gros mi-temps à NoBank, sans rémunération. Je dois donc sécuriser en parallèle mon activité de conseil. Les choses se décantent un peu. Je vois plus de monde. Je rencontre les dirigeants de Vivendi, Bouygues, Total, Areva, Veolia, Cap Gemini, Renault, Vinci, Publicis, Danone, etc. Les entretiens se passent bien. Trop bien. Ils commentent la gestion de crise, approfondissent certains points soulevés dans mon livre, me demandent d'intervenir devant leurs comités exécutifs ou dans différents séminaires de stratégie… mais ne voient pas en moi le consultant qui peut leur rendre service. Je suis un Ex. Ex-directeur de la communication, ex-membre de comité exécutif, ex-président de banque. L'époque où j'avais le vent en poupe dans les métiers de conseil, avant de m'installer dans la tour de la Défense, remonte à bien trop longtemps. Quinze ans, c'est une éternité. Je suis reçu comme un expert, pas comme un fournisseur.

J'ai ma part de responsabilité dans cet état de fait. Ma position est ambiguë. Je n'ai moi-même pas tranché. Je suis *sparring-partner*, je suis prof, conférencier, écrivain. Personne ne m'attend, personne n'a besoin de moi… Je le comprends petit à petit et m'interroge. Pourquoi n'ai-je pas créé d'offre digne de ce nom ? Pourquoi n'ai-je pas recruté ?

La réponse me saute aux yeux : parce que je n'en ai aucune envie ! Je connais toutes ces problématiques par cœur, j'en ai fait le tour. J'ai besoin de me mobiliser sur quelque chose qui me tient à cœur.

Dans une conférence, je croise François, l'avocat qui avait tenté de me dissuader de sortir mon livre. Il prend aimablement de mes nouvelles, avec un grand sourire. Je lui dis que mes activités se développent et que je ne me porte pas trop mal. Je veux lui démontrer que son pronostic était faux, le système ne m'a pas rejeté, qu'il le sache et le dise partout. Je mens à moitié. Je vais bien, ne vous en faites pas. Ma vie est belle...

Il me regarde avec bienveillance, s'en félicite et me dit :

– Oh, vous savez, lorsque j'ai tenté de vous dissuader de sortir votre livre, je ne vous ai dit que ce que l'on m'a demandé de vous dire...

CONTRECOUP

Ryad pensait lancer le compte NoBank chez les buralistes dès l'automne 2011. Le projet s'avère beaucoup plus lourd que prévu, notamment dans sa partie réglementaire. Outre la partie administrative de contrôle des personnes et des entités qui portent le projet, l'ensemble des opérations doivent être détaillées, chaque processus, décrit ligne à ligne, comme l'émission d'une carte depuis le fabricant de la puce jusqu'au client final, mais aussi le circuit complet d'un prélèvement, avec les technologies utilisées, leur sécurité, les tests d'intrusion, les prestataires, chacun des contrats de partenariat couvrant toute cette chaîne, les SLA (*service level agreements*), qui définissent les plans de remédiation, les délais et les éventuelles pénalités en cas d'incidents. Et ainsi pour tout : une plainte au service client, un rejet de paiement, une fraude, etc. Lorsque la partie technique est complétée, il faut prouver la viabilité du modèle économique, avec les prix, les hypothèses de marché, le système de distribution et son coût à l'euro près. Tous les aspects juridiques aussi. Et naturellement, le besoin en capital. Nous commençons à comprendre la quantité de carburant financier nécessaire pour arriver au bout du projet... Cela devient effrayant. Nous ne pourrons vraisemblablement rien lancer avant le prochain printemps.

C'est à ce moment-là aussi que nous avons découvert la difficulté de nous brancher sur l'ensemble du système monétique de place. Pour que votre carte de paiement fonctionne dans un boîtier chez le commerçant, nous devons être reliés aux systèmes d'information de toutes les banques du monde. Dans mes anciennes fonctions, ce n'était pas un sujet, le groupe auquel j'appartenais en était un acteur de premier plan depuis 1864 ! L'idée d'origine consistait à nous rapprocher d'une petite banque de gestion privée, qui émettait ses propres cartes. Michel avait étudié avec eux des solutions de transfert d'argent. Les travailleurs immigrés des pays développés envoient depuis longtemps par Western Union ou MoneyGram des espèces à leurs familles en Afrique, en Europe de l'Est ou, de plus en plus... au Pakistan... Ce circuit cash to cash Nord-Sud s'ouvrait à la concurrence avec la nouvelle réglementation européenne et la création du statut d'établissement de paiement. C'est d'ailleurs en observant le comportement de ces immigrés et de tous ceux qui vivent en prépayé en France que Ryad avait eu l'idée du compte en bar-tabac. Bref, cette petite banque suivait de près notre projet, qui pouvait compléter leurs offres.

En épluchant les processus et les contrats avec eux, nous comprenons vite que cette banque familiale ne peut rien pour nous. Elle est elle-même reliée à une grande banque, qui seule peut nous ouvrir les accès à la compensation interbancaire STET-CORE. Le système COmpensation REtail est le passage obligé pour toutes les opérations par carte en France, ainsi que pour tous les virements et les prélèvements.

Ce service est assuré par la seule société STET, créée en 2004 par six banques françaises : le Crédit mutuel, BNP Paribas, les Caisses d'Épargne, les Banques populaires, le Crédit agricole et la Société générale. Aujourd'hui, elles ne sont plus que cinq, les Banques populaires et Caisses d'Épargne ayant regroupé leurs activités dans leur filiale Natixis Payment Services... C'est aussi cette société, incontournable, qui permet d'effectuer les paiements européens (SEPA.)

Ce jour-là, nous étions tous à Alfortville, serrés autour de la table ovale pleine de matériel et de fils. Ryad avait écrit aux cinq banques, pensant réaliser un appel d'offres. Il n'avait reçu aucune réponse et s'en était inquiété. Michel les avait rappelées une à une. Ryad lui demande un feed-back :

– Alors, tu en es où ?

– Nous avons 100 % de refus. Aucune banque ne prend les nouveaux établissements de paiement...

– C'est impossible...

L'ambiance devient morbide. Michel marque un silence.

– Alors le projet est mort-né ?

– Il y a de fortes chances oui...

Tout le monde me regarde. Nous pensons tous la même chose.

– Hugues, tu peux rappeler tes potes de la Générale ?

J'hésite. Le président de la banque mis à part, j'ai gardé des contacts avec beaucoup de mes ex-collègues, notamment dans la banque de détail. Quelques coups de fil de nouvelles personnelles, des échanges de mails sur des sujets communs, quelques cafés ou déjeuners, plus espacés. Mais ce n'est pas aux dirigeants que je pense. C'est à l'image de la banque elle-même : très financière, voire spéculative, écornée depuis le début de la crise. Sa clientèle est triée sur le volet, elle est beaucoup plus aisée que la moyenne des Français. Les associer à un projet aussi populaire pourrait s'avérer contre-productif.

Des sentiments personnels me retiennent aussi. Cette entreprise m'a imposé le choix cornélien entre mon job et mon livre. Je lui en veux d'autant plus aujourd'hui que le démarrage de mes activités a été considérablement ralenti par l'attitude du PDG à mon égard. Je repense à tous les blocages de ses amis, durant la période où je ne trouvais aucun client. Il m'avait laissé un pseudo-message « amical » mais avait tiré à vue dans mon dos ensuite. Je repense aussi aux livres dédicacés que j'avais envoyés à la plupart des membres du comité exécutif, ceux dont j'avais toujours été proche et avec qui j'étais lié par des années de travail en commun et le séisme de la crise. Deux seulement m'avaient répondu, malgré l'oukase de la direction. Les autres n'avaient pas eu le courage de se manifester, ni même de me dire en face leur désaccord. Ils s'étaient alignés sur la position du chef sans réfléchir, sans chercher à comprendre, sans connaître les tenants et aboutissants de mes discussions avec leur hiérarque. Je ne voulais rien leur devoir.

Michel, Ryad, Pierre, Olivier me regardent tous. Je hoche la tête :

– On n'a pas le choix...

Je prends rendez-vous avec le directeur général délégué de la banque de la Défense, qui supervise les activités de détail en France. Nous nous sommes toujours bien entendus. Il avait soutenu ma nouvelle stratégie chez Boursorama et a poursuivi sa mise en œuvre après mon départ. Il accepte sans hésiter. Il est corse. J'irai avec Ryad et Michel. Un beur et un Black chez un Corse, cela ne pourra être que pimenté. Je ne peux m'empêcher de déplorer le conservatisme du système français. Sans moi, ils n'auraient jamais eu de rendez-vous. Chez nous, il faut toujours appeler de la part de quelqu'un, être recommandé, avoir une entrée. Personne n'existe par ses moyens propres. Alors, quand il s'agit d'un inconnu nommé Ryad Boulanouar...

En 1998, alors que je travaillais sur un gros projet Internet avec Havas et Accenture, nous avions testé des grands clients des deux côtés de l'Atlantique. À New York, j'appelais en fin de journée, ce qui permettait de passer l'obstacle du standard. Je tombais directement sur les directeurs financiers de Brystol-Myers, de General Motors et de toutes les grandes banques. Il fallait être convaincant en deux phrases. Comme l'idée était novatrice, ils étaient curieux, et j'obtenais un face-à-face deux jours plus tard. Les réunions duraient quinze à trente minutes et se finissaient par oui ou par non. En France, il fallait être coopté, appeler de la part d'untel ou d'untel. Les rendez-vous étaient fixés entre quatre et huit semaines plus tard. Pas une discussion n'a duré moins d'une heure. En prologue, les dirigeants racontaient leur vie dans d'interminables transgressions. Les HEC et Sciences-Po ne manquaient jamais de s'appuyer sur leurs cursus, les ingénieurs et ceux qui sortaient des grands corps se contentaient d'allusions, mais cédaient toujours à la tentation. Ils m'écoutaient un peu puis me conseillaient d'appeler d'autres personnes. Et ainsi de suite... Que serait devenu NoBank si je n'avais pas eu accès aux dirigeants ? Quel individu, pris par son quotidien et empêtré dans ses propres procédures et obligations de renvois d'ascenseur, aurait épluché le petit dossier signé Ryad Boulanouar. Un petit dossier qui voulait redonner vie aux 6 millions d'exclus du système bancaire ?

Il n'existe pas de statistiques fiables sur l'exclusion bancaire. Une étude de 2011 montre que près de 1 % des Français majeurs ne possèdent pas de compte. Le fichier Banque de France des interdits bancaires compte près de 2,5 millions de personnes dont les moyens de paiement (chéquiers, cartes, etc.) sont extrêmement limités ou inexistants. Mais selon les ONG (Organisations non gouvernementales), ce sont près de 6 millions de Français qui vivent en marge du système.

Moody's place la France sous observation, en vue de lui maintenir – ou pas – sa note AAA, celle qui permet d'emprunter aux meilleurs taux. Il faudra convaincre sur les finances publiques et la rigueur budgétaire, exercice peu simple en période électorale mâtinée de sauvetage de la Grèce et autres GIIPS pour Greece, Irland, Italy, Portugal, Spain. Je me dis que bientôt il faudra inventer un autre mot que Pig, avec un F dedans... Si le pays était un particulier, il serait interdit bancaire depuis longtemps. Faute de mesures d'économies drastiques, ce sera la conjoncture qui guidera le choix de l'agence de notation : c'est en effet le taux de croissance estimé qui valide le modèle de collecte d'impôts. Les économistes et les agences de notation sont des scénaristes. Ils croisent toutes ces données et vivent avec leurs propres alphabets, issus d'alchimies personnelles à base d'indicateurs et de pronostics.

La France a trois mois pour convaincre Moody's de la solidité de ses finances publiques. C'est la déprime, la croissance est en berne. C'est le second plongeon après celui, dramatique pour l'emploi, de début 2009. 2011 sera bien l'année du « double dip », de la rechute. Tout cela est de mauvais augure.

Au même moment, l'Institut national de la statistique et des études économiques actualise son rapport annuel sur la pauvreté en France, avec, comme toujours, deux ans de décalage. Les chiffres sont cruels. Ils croissent d'un demi-point, désormais 13,5 % des Français sont pauvres. Plus de 8 millions de personnes vivent sur notre sol avec moins de 954 euros par mois, dont la moitié avec moins de 773 euros. Les économistes ne voient jamais rien venir, ils raisonnent avec des centaines d'indicateurs plus ou moins valides, et pendant ce temps la population s'enfonce.

C'est dans ce contexte de déprime économique que nous allons à la Défense. Je me demande ce que je sentirai en retournant dans les deux tours où je me suis rendu près de trois mille fois en onze ans.

Nous sortons du RER A et marchons le long de la Grande Arche, je connais par cœur chaque mètre. J'arrive à l'accueil, les hôtesses ont changé, elles travaillent pour une société spécialisée qui les fait tourner d'une entreprise à l'autre. Nos badges sont prêts. Avant j'avais un pass qui m'ouvrait tous les étages, des salles de marché au bureau du président. Là, je suis un visiteur lambda. Cela ne me fait aucun effet, je connais les lieux, c'est tout. Aucune émotion, aucun regret. J'éprouve même une forme de soulagement de ne plus être pris dans les tenailles de cette organisation. Nous sommes conduits au 35e étage. Ryad et Michel n'ont jamais vu une moquette aussi épaisse, ni autant de marbre à la fois.

Nous sommes placés dans le petit salon d'attente qui jouxte les bureaux des deux directeurs généraux, avec entre les deux, celui de leurs assistantes. Il est ouvert. Le premier à m'apercevoir dans l'ouverture de la porte est celui avec qui je n'ai pas rendez-vous, le fumeur. Son œil fait un rapide aller-retour en ma direction, il fait mine de rien voir et file se cacher dans son antre. Je repense au travail que nous avions fait sur la charte des membres du comité directeur. Le courage était la valeur qui nous semblait la plus importante.

Nous sommes conduits chez Jean-François, l'autre directeur général délégué. Il est chaleureux, mais il n'a pas trop la pêche, la conjoncture est difficile. Il s'est entouré de Yves B., le patron des activités monétiques. Je ne prends pas la place que j'occupais tous les mardis à 7 h 30 lors de son comité hebdomadaire. Yves justifie la non-réponse de la banque.

Lorsque le statut d'établissement de paiement a été créé, le comité a décidé de ne prendre comme clients que les grands groupes déjà partenaires de la banque, les opérateurs de télécommunication, la grande distribution, etc.

Jean-François écoute sans poser de questions. À la fin de l'entretien, il dit simplement :

– Je ne comprends pas que le régulateur vous laisse faire ça...

Yves nous bombarde de questions techniques. En partant, Jean-François le désigne et dit :

– Vous savez à qui vous adresser.

Yves me dit que nous devrons remplir un gros dossier pour passer en comité « nouveaux clients » puis en comité « nouveaux produits ». Cela devrait pouvoir se faire d'ici à quelques mois...

Quelques mois, c'est long. Au-delà de la Société générale, je m'adresserai au Crédit mutuel Arkéa à Brest. Le directeur général pilotait auparavant Fortuneo, il était alors le meilleur concurrent de Boursorama Banque. Il est familier des entreprises innovantes et a déjà noué de nombreux partenariats avec des start-up dans la monétique.

Un peu plus tard, j'ai rendez-vous avec Philippe Oddo. En sortant, je lui demande ce qu'il pense de la petite banque privée avec qui Michel, Ryad et moi avions évoqué un partenariat. Il sursaute et me demande :

– Pourquoi ?

– Parce qu'ils souhaitent entrer dans notre capital.

Il m'attrape par les deux bras et me répond :

– Et pourquoi tu ne m'en as pas parlé ?

Je lui raconte l'état du projet. Il souhaite voir le dossier et me demande de geler les discussions avec les autres.

J'habite une maison en bois de l'autre côté de Paris. Si l'on trace une droite entre Alfortville et la tour Eiffel, il suffit de la prolonger de la même distance à l'ouest pour y arriver. Toute l'équipe de NoBank dîne à la maison dans une ambiance festive au coin du feu. Chacun s'attache à parler de sujets personnels et à ne pas orienter la conversation vers le projet qui nous accapare le reste du temps. Mais c'est plus fort que nous et le sujet déboule au moment où nous abordons l'impact des réseaux sociaux sur le travail de nos enfants.

Ryad avait mis en ligne un site Internet NoBank. Officiellement, c'était pour commencer à récolter quelques adresses mails de clients potentiels intéressés et pour être pédagogique vis-à-vis des buralistes. Mais la vraie raison est que les doigts lui brûlent. L'aventure est aussi longue que fastidieuse ; il enrage de ne pas passer au concret. Moi, je pense qu'il faut fermer le site. Nous n'avons pas l'agrément de l'Autorité de contrôle et ne pouvons parler du projet tant que nous n'avons pas le tampon officiel. Le site peut être contre-productif dans nos démarches. Il porte surtout la marque NoBank et nous savons que nous ne pourrons pas l'utiliser pour des questions réglementaires. Le ton de la conversation monte. Ryad se braque. C'est sa marque, il l'a payée cher, c'est le nom qu'il a choisi, le meilleur nom possible, il faut continuer à l'utiliser, les autorités finiront bien par l'accepter. Chacun notre tour, nous tentons de le raisonner. Il est seul contre tous et refuse de revenir en arrière. Il utilise des arguments d'autorité. Nous sommes au bord du clash. Nous décidons *in extremis* de reporter cette conversation dans un autre cadre. Le reste du dîner est plombé malgré les efforts de chacun.

Pour la première fois, j'envisage de jeter l'éponge. Un manager qui n'écoute pas, qui continue de lutter contre l'évidence, qui ne se plie pas à l'unanimité contre lui sur un sujet aussi sensible est dangereux.

Nous nous séparons amicalement, avec un reste de tension dans les veines.

Le lendemain, le directeur général d'Arkéa nous attend dans son petit bureau des Champs-Élysées. Il est à Paris deux à trois jours par semaine, et le reste du temps, à Brest. Il a suivi de très près ce que j'ai fait chez Boursorama, et commente dans les moindres détails ce qu'il en a pensé. Il est vif, courtois. Il a lu les *slides* du projet NoBank et nous dit qu'il a déjà appelé ses équipes du département monétique. Elles nous recevront rapidement pour qualifier le dossier. En sortant, Ryad frétille de joie.

– Comme on dit dans les tierquars, c'est de la balle.

– Oui, cela semble solidement enclenché, je le sens bien ce gars.

Ryad est en forme, il me tape sur l'épaule.

– J'ai réfléchi, vous aviez raison hier soir, je vais le fermer ce putain de site...

– Je suis content, lui dis-je, nous allons aussi devoir trouver un nouveau nom.

– Fait chier.

Le choix de la banque chef de file ne sera pas difficile. Les rendez-vous avec les équipes d'Arkéa s'enchaîneront avant même que nous réussissions à avoir le premier contact opérationnel avec la Société générale. Les comptes et les paiements des clients de NoBank seront sécurisés dans une banque mutualiste. Ce sera bien meilleur pour l'image et beaucoup plus compatible avec notre philosophie.

L'année se termine convenablement, c'est du moins ce que j'imagine. Nobank avance lentement mais sûrement, j'y joue mon rôle de *business angel* avec de plus en plus d'assiduité. Ma relation avec mes autres clients se densifie, de nombreux contacts sont maintenant enclenchés avec des prospects. Je me demande si je vais embaucher et enfin bâtir un véritable projet d'entreprise. Le premier bilan de mon activité constitue un socle, encore léger, mais prometteur. L'été 2011 a sonné le coup de grâce des espoirs de retour à la « normale ». Je me dis que la conjoncture impose des transformations et devrait amener les entreprises à repenser leur organisation, pour accompagner le changement. C'est le moment où je devrais pouvoir tirer mon épingle du jeu, car dans ces moments-là on a besoin d'un interlocuteur extérieur, qui pousse à penser autrement, à clarifier la stratégie.

Je me trompe de bout en bout. Janvier 2012 est une bérézina. La crise des États européens détruit la confiance, l'économie, les commandes, les emplois. C'est un effet en chaîne. L'activité se bloque et les budgets de consultants se contractent. La mission sur le plan stratégique de mon premier client s'achèvera dans quelques mois, il me prévient qu'il n'aura pas les moyens de continuer après. Mon deuxième client est très impacté par la crise, il me demande un effort significatif sur mes honoraires pendant un an, il reprendra le rythme en 2013 si le contexte s'améliore. J'encaisse. Arrive le troisième rendez-vous de cette première semaine de l'année, celle où l'on souhaite ses vœux de bonheur, de santé et de prospérité. Mais là, c'est la soupe à la grimace, mon interlocuteur applique à tous ses fournisseurs un rabotement exceptionnel de 30 % pour toute l'année 2012.

La gueule de bois de la rentrée fait mal, mais je cherche à positiver. Ce n'est pas grave. Le plus important c'est que le projet NoBank avance, même si cela ne me procure aucun revenu.

J'arrive à Alfortville, Ryad est de très mauvaise humeur. Le prestataire choisi pour développer l'informatique bancaire patine depuis de nombreuses semaines, il est en retard sur tout et ne tient pas ses calendriers. Il nous mène en bateau depuis trop longtemps et les livrables promis depuis des lustres ne sont toujours pas là.

Cette entreprise était reconnue comme la meilleure dans ce domaine. De nombreuses banques avaient fait appel à ses services et elle avait gagné des parts de marché. Trop peut-être, le succès était monté à la tête de ses dirigeants, qui avaient vendu – cher – à un groupe américain. Ce dernier avait mis en œuvre des synergies et un nouveau plan d'action. Notre micro-entreprise embryonnaire n'est pas prioritaire. L'équipe qui s'occupait de nous a démissionné. Bref, nous sommes très en retard et n'avons même plus d'interlocuteurs.

Ryad est très énervé au téléphone. Je l'entends depuis le couloir. J'entre au moment où il raccroche, il me dit :

– J'étais un gosse super introverti, je le suis toujours, c'est pour ça que j'ai une grande gueule.

– C'était qui ?

– Je viens de virer notre prestataire informatique. Je n'ai plus confiance.

Je tombe des nues, nous prenons six mois dans la vue...

– Ils n'ont pas prouvé cette fameuse réactivité dont ils se gargarisaient. C'est resté à l'état de légende. Je n'aime pas le doute et encore moins l'attente.

– Très mauvaise nouvelle, tu es sûr de ton coup...

– Qu'ils aillent se faire foutre ! Quand j'étais jeune et que j'apprenais que ma nana allait me larguer, je prenais les devants. Histoire de sauver l'honneur.

Je préfère tout recommencer de zéro plutôt que de risquer de subir le moindre bug...

– J'espère que tu es blindé juridiquement.

– J'ai tous nos échanges sur leurs manquements par mail et surtout j'ai relu les clauses.

– Nous n'avons pas vraiment les moyens de perdre tout ce temps.

– On a eu des journées plus pourries que celle-ci... T'inquiète, on va économiser sur tout, ça devrait passer...

J'aperçois mon livre posé sur le coin de son bureau. Sur la couverture, le cygne noir. J'ai la boule dans le ventre.

Sakina a 67 ans, mais elle en fait dix de moins. Je l'ai déjà croisée plusieurs fois. J'ai envie de mieux la connaître, de comprendre son histoire. Nous nous retrouvons un soir en tête à tête dans la maison d'Alfortville.

Sakina n'est pas très grande par la taille. Elle l'est par son allure. C'est une femme souriante, fine, aux cheveux frisés, teintés auburn, ce qui la rajeunit beaucoup. Son élégance naturelle tient à sa simplicité, à ses gestes maîtrisés, à son port de tête élancé. Elle est vêtue d'un pantalon et d'un pull comme une femme moderne.

Elle a tenu à me préparer un couscous algérien, un vrai. Semoule cuite à la vapeur, légumes frais coupés en tronçons pour éviter qu'ils ne s'écrasent. Cuisson dans une marmite, court-bouillon. Huile d'olive et épices. Pois chiches. Elle connaît mon projet de livre, Ryad lui en a parlé. Elle est émue.

Je pensais qu'elle avait vécu toute son enfance en Kabylie. J'apprends que son père avait travaillé en France comme ouvrier très simple et l'avait fait venir d'Algérie quand elle avait 4 ans, en 1950. Ils habitaient dans un baraquement rue de Charenton dans le XIIe arrondissement de Paris, avec des voisins qui arrivaient directement de la guerre d'Espagne. À la maison, ils ne parlaient que le kabyle, Sakina ne connaissait pas un mot de français. Elle avait une peur terrible des autres enfants. Elle se sauvait dès qu'ils s'approchaient. La famille était très pauvre. Elle avait faim quand elle s'endormait le soir.

Deuxième d'une famille de neuf enfants, elle joue rapidement le rôle de l'aînée alors que sa grande sœur est mariée de force à l'âge de 14 ans. La famille s'installe ensuite à Issy-les-Moulineaux où le père est engagé comme cantonnier à la mairie. Les allocations familiales des neuf enfants le nourrissent plus que son salaire. Sakina se met rapidement au français, elle est bonne à l'école. Elle adule ses professeurs qui le lui rendent bien. L'âge de la préadolescence arrive, ses parents veulent la marier avec un homme de 40 ans. Sakina résiste, elle fait intervenir l'éducation nationale, qui vient négocier chez elle. Ses professeurs représentent l'autorité publique. Le père, employé municipal, baisse les yeux. Chaque année, elle mène le même parcours du combattant pour éviter le couperet du mariage.

Au début des années 1960, le climat devient tendu du fait de la guerre et des exactions de part et d'autre de la Méditerranée : le père d'une petite fille de l'école est blessé en Algérie, l'hostilité monte. Sakina se sent épiée. Entre une famille kabyle pauvre et phallocrate et des camarades de classe qui la refoulent, Sakina vit une adolescence difficile.

Elle réussit toutefois à passer son brevet d'enseignement commercial, puis à suivre une formation de secrétaire. L'époque est au plein-emploi. Elle trouve facilement du travail comme dactylo en intérim. Son salaire, payé en liquide, est systématiquement saisi par son père, qui, lui, gagne beaucoup moins.

Ses parents se ruent au consulat en 1962 pour demander la nationalité algérienne. Le projet de leur vie a toujours été de retourner à El-Maïn, en Petite Kabylie. Sakina est alors mineure. Elle est aussi naïve. Elle se laisse faire et ne prend pas la nationalité française. Un an plus tard, elle est accueillie au consulat d'Algérie à Paris pour taper les cartes d'identité des ressortissants algériens. Elle est tellement marquée par son éducation qu'elle est persuadée que tout le monde parle le kabyle en Algérie. Elle se ridiculise en arrivant le premier jour, puisqu'elle ne parle pas un mot d'arabe. Ce n'est pas grave, tout le monde parle le français.

Quatre mois plus tard, le conseiller juridique de l'ambassade d'Algérie, qui visitait souvent le consul, la repère. Il l'embauche comme secrétaire personnelle.

Nicolas Sarkozy n'est pas encore candidat. Mais personne n'est dupe, chacun des déplacements du président de la République est construit pour densifier son image en opposition à celle de François Hollande ou de Marine Le Pen, ses deux adversaires. Le premier sera décrit comme un mou, notamment sur la sécurité et la place de la France à l'international, la seconde comme une hystérique sur le plan économique. Tout est fait en parallèle pour décrédibiliser et isoler Bayrou. La campagne présidentielle bat son plein. C'est gros comme une ficelle.

Je ne vois pas comment le président en place pourrait s'en sortir. Pour gagner, il faudrait incarner l'avenir et réussir à en convaincre l'opinion. Les votes exprimés doivent adhérer en majorité à l'idée que les lendemains ne pourront être meilleurs que s'il est réélu. Au crépuscule de son quinquennat, tous les rêves sont brisés. Les indicateurs sont au rouge. Ceux sur lesquels il n'a pas d'influence, la croissance mondiale, la montée du chômage, mais aussi ceux qu'il pouvait tenter de maîtriser, la dépense publique, la compétitivité du pays, la sécurité intérieure.

Il aurait pu donner le sentiment d'avoir assuré, comme Angela Merkel, qui a dû injecter beaucoup plus d'argent public dans ses banques que la France. Mais c'était sans compter l'arrogance de Sarkozy. Il a été élu sur un programme ultra-volontariste, une mixture populiste, mâtinée d'une forme de libéralisme entrepreneurial jugulé par un État fort. Un État qui sauve Alstom grâce à la volonté d'un seul homme avec ses bras musclés. Un État qui met au pas la racaille. Il incarne tellement ce volontarisme, que rien ne peut plus advenir dans le pays sans que sa responsabilité ne soit totalement engagée. Il avait promis de chercher la croissance avec ses dents. On en était à deux points de moins. Il avait promis de gagner plus en travaillant plus. Le chômage explosait, les rémunérations stagnaient.

Pour cette campagne, Nicolas Sarkozy ne peut réussir que par la faiblesse de ses adversaires, qu'il méprise.

Nous faisons un pari avec Ryad.

« Sarko va gagner », me dit-il, il est trop fort. Son volontarisme lui plaît, la méthode Coué aussi. Je ne vois de mon côté pas comment il pourrait être réélu. Ryad raisonne avec ses tripes, mais les sondages sur les souhaits et les pronostics de victoire sont sans appel. Il faudrait un exploit pour inverser les courbes.

La politique envahit les écrans, mais aussi notre vie d'entrepreneurs. Nous nous entourons de deux cabinets dits d'influence pour sensibiliser les élus et le gouvernement sur l'insertion bancaire, l'un dirigé par des proches de la droite, l'autre, par un ami personnel de François Hollande, Robert Zarader.

Robert est né en Algérie, à la différence de Ryad. J'ai travaillé avec ce docteur en économie douze ans auparavant, Pierre le connaissait très bien aussi. Nous lui proposons de nous accompagner gratuitement pour nous introduire dans les milieux associatifs et politiques, les dédommagements et contrats viendront après le lancement. Sa casquette d'ancien directeur du Centre de recherche en économie industrielle de l'université Paris-XIII, couplée à sa fibre très sociale, devrait nous ouvrir les portes voulues pour sensibiliser le législateur, l'administration et toutes les associations concernées par l'insertion ou la pauvreté. Courte barbe poivre et sel, chemise débraillée sur un corps assez enveloppé, lunettes carrées qui remettent un peu d'ordre dans tout cela, Robert est avant tout boulimique de travail, de vie et d'amitiés. Il publie beaucoup, dans les journaux, mais aussi quelques essais comme *La Bêtise économique*, qui abordait « la face cachée des crises d'entreprises ». Un point de complicité de plus entre nous. Amateur de rugby, il joue l'équipe et accepte d'entrée notre « offre ».

Le programme que Robert nous propose est solide : il jouera des coudes auprès de l'Agence du service civique, de l'Agence nationale pour la cohésion sociale et l'égalité des chances, de l'association Crésus qui accompagne les surendettés, d'Emmaüs, de la Croix-Rouge, des caisses d'allocation familiales, de nombreux députés et sénateurs, du Secours catholique, mais surtout des associations nationales qui font le lien entre les décisions de l'État et leur mise en œuvre sur le terrain, notamment auprès des populations les plus précaires : celles des maires de France, des départements, des régions. Le revenu de solidarité active (RSA) par exemple, est financé par l'État et les départements, il est versé par les caisses d'allocations familiales et celles de la Mutuelle sociale agricole (MSA), le deuxième régime de protection sociale en France. Les chômeurs en fin de droit qui sont éligibles touchent une allocation pour une personne seule de 477 euros. Ils sont 90 000 de plus par mois dans ce cas.

L'autre cabinet se concentre sur l'Europe et quelques députés français. Il est très difficile de joindre le moindre ministre dans la période actuelle. Le peu de députés et maires de droite que nous croisons ont la tête ailleurs, les membres de cabinets cherchent déjà leur terre d'accueil. Je joue les conseils en orientation pour le peu qui nous reçoivent. Les élus accablent la conjoncture et commencent à se désolidariser de Nicolas Sarkozy, ils savent que les miracles sont rares, en période de crise économique plus encore.

Le rendez-vous avec l'Association des régions de France se tient boulevard Saint-Germain à Paris. Son président nous reçoit cordialement, écoute le projet dans les moindres détails, marque un temps de recul, son visage s'éclaire.

– Vous savez comment les interdits bancaires reçoivent leur allocation de solidarité active ?

– Ils vont le chercher aux caisses d'allocations familiales...

– Ils se lèvent à 5 heures du matin pour faire la queue.

– Pourtant elles ouvrent à 9 heures. Pourquoi si tôt ?

– Ils veulent être les premiers. Chaque versement demande une vérification d'identité et de dossier, c'est fastidieux pour eux et pour l'administration. Nous devons assurer la logistique des transports de fonds, nous devons sécuriser nos locaux, cela demande aussi beaucoup de personnel. De leur côté, les bénéficiaires passent leur vie à attendre... Après, ils filent à La Banque postale déposer leur argent sur un livret A et y retournent tous les jours pour effectuer 15 euros de retrait et payer leurs factures ou les commerçants. Ils y rapportent ensuite leur monnaie, c'est ce que leur conseillent les assistantes sociales. Ils font aussi la queue pour l'aide au logement ou l'assurance maladie, pour la cantine des enfants ou le loyer : ils paient le concierge du HLM en cash... C'est un gros problème pour tout le monde, leur faire un virement serait tellement plus simple.

Le dossier pour l'autorité bancaire est prêt, nous déposons un total de 4 000 pages pour nous faire agréer. Il a beaucoup grossi avec les questions complémentaires et la fourniture de l'ensemble des contrats. Commence alors un ballet d'allers et retours avec l'administration, qui vérifie chaque millième du projet, les brevets, les processus, les contrats, les coûts, les revenus estimés... rien n'est laissé au hasard.

Le travail est titanesque, nous répondons pied à pied. Et un jour, le couperet tombe. C'est non. « Vous n'avez pas les moyens de vos ambitions. Pour étudier votre dossier, vous devez avoir beaucoup plus de capital. » Leur raisonnement est simple. Nos interlocuteurs augmentent toutes nos hypothèses de coûts et dégradent tous les revenus estimés en imaginant que la conquête de clients sera plus fastidieuse et onéreuse. Nous devons augmenter les postes de conformité et de contrôle et revoir notre marketing. Le plan de marche de la future entreprise devient médiocre.

L'autorité ne ferme pas la porte, mais impose que nous trouvions plusieurs millions de capital en plus. Chacun de nous a mis dans le projet tout ce qu'il a pu, nous sommes en phase de développement de l'informatique, nos dépenses mensuelles sont élevées, des consultants et juristes nous accompagnent, le coût du projet s'envole. Nos poches se vident. Nous n'aurons plus un centime à la fin de l'année. Impossible de compter sur d'éventuels revenus, l'agrément ne sera délivré que si nous trouvons beaucoup d'argent frais. Cela prendra des mois. Nous enrageons. Je m'y collerai.

Nous pilonnons le terrain associatif et politique et trouvons un accueil formidable. Plusieurs des députés et sénateurs que nous rencontrons sont ministrables. Ryad est défavorablement impressionné par les dorures du Sénat. Il est largué quand nous entamons la conversation sur les œuvres d'art accrochées dans les bureaux. Il s'amuse des entrées en matière des députés, souvent centrées sur l'emplacement « stratégique » de leur bureau, marque de leur importance. Ils sont parfois situés au fond des méandres de couloirs de la rue de l'Université. Il se passionne quand nous tombons sur des associations proches de la rue et s'ennuie dès que nous montons dans les étages.

Nous rencontrons Georges Gloukoviezoff, membre de l'Observatoire national de la pauvreté et de l'exclusion sociale, qui travaille sur les questions d'exclusion bancaire et de surendettement des particuliers depuis plus de dix ans. Il a publié *L'Exclusion bancaire. Le lien social à l'épreuve de la rentabilité*, en 2010 aux Presses Universitaires de France. Nous lisons son livre avant l'entretien. Ryad nous fait son propre commentaire.

– J'ai commencé à me taper le bouquin, c'est écrit à la sauce universitaire : environnement et lien social, économique, historique, financier, le tout dans un style très scolaire, très mathématique. C'est chiant. Pas persuadé de l'intérêt de passer des nuits blanches avec. En revanche, y a une centaine de pages super-intéressantes (p. 155 à 239) qui détaillent précisément la relation client-banquier. Celui qui a vécu des difficultés bancaires n'apprendra rien de nouveau sinon une vue détaillée du mécanisme qui permet d'y aboutir : domination, disqualification, exclusion. Bien foutu pour le coup, mais toujours aussi chiant à lire... Avec notre offre de tenue de compte alternative, notre premier facteur de succès sera d'éviter aux gens de pousser la porte d'une agence bancaire.

C’est à ce moment-là que je comprends sa motivation profonde. Ryad poursuit son monologue :

– Pour avoir été moi aussi du côté de la catégorie moins moins, je peux te dire que chaque découvert est doublement sanctionné avec les frais fonctionnement débiteur plus les agios. Et les frais sont prélevés dès que la provision est arrivée, celle avec laquelle tu essaies de bouffer. Chaque prélèvement rejeté est sanctionné et t’entraîne dans une spirale où se rejoignent les difficultés financières, les appels incessants et menaçants du banquier. Il te convoque comme un gamin : tu as peur, tu as la rage – la haine –, tu vis avec la crainte que la sanction ne soit plus forte encore, bref, que le banquier te foute dans la merde. Qu’il te jette de sa banque. En plus, t’es tout seul, car tu n’as ni les moyens de te payer un avocat, ni les moyens de dire merde à ton banquier et encore moins de changer de banque. Tu es donc « contraint » de supporter la situation en espérant des jours meilleurs... C’est pour ça que je me défonce aujourd’hui, on va leur offrir des jours meilleurs avec NoBank !

Un cabinet de marques vient pour une séance de brainstorming avec nous. Nous y passerons plusieurs semaines. Nous devons être percutants, les aspects juridiques doivent être bétons et les noms de domaines disponibles. Nous n’avons pas le droit au mot banque. Le nom doit être basique, solide, rappeler le terrain, les gens proches de leurs sous. Le compte sera délivré sur le zinc. Les clients seront à l'euro près, une pièce de métal. Un choix simple s'impose rapidement à l'unanimité. C'est ainsi que NoBank devient le compte Nickel. La MasterCard devient la carte Nickel.

Nickel chrome.

Ryad demande à l'un de ses amis d'ouvrir un compte à La Banque postale, pour voir.

En langage marketing, cela s'appelle une visite mystère. Toutes les entreprises en font régulièrement dans leurs succursales et, surtout, dans celles de leurs concurrents. L'ami en question n'a pas besoin de forcer son rôle, il est chômeur en fin de droits, sans apport ni revenus.

Après vingt-deux minutes d'attente, il est reçu par une conseillère. Il lui tend les pièces nécessaires qui avaient été demandées lors d'un précédent rendez-vous : un certificat d'hébergement et sa pièce d'identité. Elle photocopie l'ensemble et attrape un formulaire, qu'elle remplit :

– Marié ?

– Non.

– Qui est la personne qui vous héberge ? (famille – compagne – amis – autres)

– Amie.

– Enfants ?
– Oui.
– Combien ?
– Un.
– Depuis combien de temps habitez-vous à cette adresse (jour – mois – année – déclaratif)
– Six mois.
– Avez-vous des biens immobiliers ?
– Non.
– Aurez-vous l'intention d'acheter un bien immobilier d'ici à quatre ans ?
– Non.

Fin du questionnaire.

La conseillère barre d'un trait tout le reste du formulaire, pourtant copieux. Le candidat n'a apparemment pas de projets d'emprunt ni d'épargne. Il s'agit d'une documentation interne, aucune signature n'est demandée. Puis elle tape ses codes sur son clavier et entre dans le système d'information :
– Avez-vous eu un compte chez nous ?
– Non.
– Un livret A ?
– Oui.
– Ah ! On doit pouvoir vous retrouver.

Elle le retrouve, ce qui lui évite de tout ressaisir, elle vérifie les informations. Pendant que la machine cherche, autorise, valide son compte, elle lui explique le fonctionnement sur une feuille blanche, avec des noms, des ronds, des flèches tracées dans un grand méli-mélo : il peut obtenir une carte de retrait de type électron. Une autorisation de découvert de 40 euros est offerte d'office. La possibilité de retrait est fixée à 300 euros par semaine. L'accès Internet est gratuit, il n'aura pas de relevés en papier mais des e-mails, il bénéficie de trois alertes SMS gratuites par mois (solde, relevé synthétique, alertes sur opérations), les textos supplémentaires coûteront 25 centimes. La formule s'élève à 7 euros par trimestre plus des frais de tenue de compte de 80 centimes pour chaque période. Pas de chéquier. Les frais pour prélèvement, TIP ou virement impayé sont de 10,30 euros, sauf si l'opération est inférieure à cette somme. Dans ce cas, la pénalité est égale au montant de l'impayé. Elle lui donne un petit livret de mode d'emploi et lui fait signer les conditions générales de vente, qu'elle transmettra aux fonctions support pour traitement. L'entretien dure vingt-six minutes.

L'ami de Ryad reçoit sa carte dix jours plus tard avec le rappel des conditions et de l'autorisation de découvert. En attendant de trouver un emploi, il laisse son compte inactif.

Au bout d'un trimestre, les frais de 7,80 euros sont prélevés sur son compte, qui passe à découvert. Des agios lui sont demandés. Il ne les paie pas. Le trimestre suivant, les pénalités se cumulent, découvert, intérêts et frais d'incidents. Il reçoit un recommandé le sommant de payer, faute de quoi son compte sera fermé. Il paie les 26 euros et quelques cents réclamés... Et à sa grande surprise, il reçoit quelques jours plus tard... une lettre l'informant que son autorisation de découvert est passée de 40 à 100 euros...

Ainsi commence la spirale. Toute une philosophie d'aide aux plus démunis.

DÉCOLLAGE

La Banque de France nous demande beaucoup plus de capital. Nous avons injecté tout le carburant que nous avions. Il nous reste de quoi tenir jusqu'à Noël. Notre projet initial prévoyait un lancement des premiers tests au printemps de cette année, l'été se dessine et nous sommes toujours très en amont. Les développements informatiques ont pris du retard avec le changement de fournisseur, l'agrément n'interviendra pas avant l'automne, notre dossier ne pourra être étudié que si nous trouvons pas moins de 6 millions d'euros de plus. Nous ne les avons pas. La méthode est simple, nous allons constituer un *investment memo*, un dossier de 80 *slides* décrivant tout le projet et le coupler à notre business plan, qui noircit déjà de nombreuses pages de tableurs où chaque revenu ou dépense estimée est modélisé au centime près en fonction des contrats que nous avons avec MasterCard, Arkéa, Monext, Sab, etc., et du nombre de buralistes qui s'équiperont.

Nous lançons un *teaser* de vingt pages à de nombreux investisseurs potentiels, privés ou institutionnels et prenons rendez-vous avec la Caisse des dépôts dont je connais le directeur financier. Ce dernier nous reçoit avec ses équipes de stratégie. Le dossier est instruit, il passe au comité exécutif. La réponse tombe quelques semaines plus tard : offrir un compte à vue aux plus démunis ne fait pas partie des missions de l'institution de la rue de Lille. La Caisse nous renvoie vers le Fonds stratégique d'investissement et Oséo. Nous ne correspondons « malheureusement » pas encore à la cible des investissements du FSI, dont les interventions se positionnent une fois que la société a dégagé au minimum un ou deux exercices positifs. Ils nous orientent alors vers le Fonds national d'amorçage, qui gère 600 millions d'euros d'investissements dans des jeunes entreprises à travers des fonds sélectionnés sur le volet. Ils nous en indiquent trois. Nous les contactons un à un, et essuyons trois refus, deux sans rendez-vous et un après une réunion d'une heure. Le motif est le même partout : vous n'avez pas l'agrément de l'Autorité de contrôle prudentiel et vous ne faites encore aucun chiffre d'affaires. Trop tôt pour eux.

Le serpent se mord la queue. Nous sommes mal barrés.

Nous sommes reçus chez Oséo, à Maisons-Alfort. Nous venons en voisins. La seule chose qu'ils pourraient éventuellement faire serait d'intervenir en contre-garantie d'un crédit bancaire, à hauteur de 60 % maximum, pour « soulager » le partenaire en risque, et cela, dans la limite de un million d'euros. La garantie n'est possible que pour les PME répondant à la définition européenne, soit un effectif de moins de 250 personnes, un chiffre d'affaires inférieur à 43 millions ou bien un total de bilan de moins de 50 millions... Nous sommes naturellement très en dessous, mais la règle vaut également pour les actionnaires qui détiennent plus de 25 % du capital. Or, la société de Philippe R. en Guadeloupe possède à ce stade un peu plus que le quart du capital de Nickel, et son flux d'activité dépasse 100 millions d'euros. Chou blanc, là aussi.

Nous inondons une centaine de fonds institutionnels, en rencontrons une dizaine, souvent par relation, la réponse est presque toujours la même. Votre projet est « exceptionnel, » ils n'en ont jamais vu d'aussi prometteur, mais c'est trop tôt pour eux, ils n'ont pas le cash en ce moment, certains ont eux-mêmes des difficultés à lever des fonds auprès de leurs clients. D'autres ne font que des acquisitions de plus de 100 millions d'euros, souvent avec levier... Seuls quatre fonds continuent l'étude de notre dossier, nous passons des après-midi entiers avec chacun, mais nous anticipons déjà leurs réponses.

Le temps presse.
Nous pédalons dans le vide.

Sakina me ressert de couscous, je me laisse faire avec plaisir. Je lui demande comment elle a connu Heddi Boulanouar, le père de Ryad.

Heddi travaillait au service de presse et d'information de l'ambassade d'Algérie à Paris. Elle le rencontre chez le conseiller juridique dont elle est l'assistante, alors qu'elle vient d'avoir 18 ans. Il en a 23. C'est le coup de foudre.

Originaire des Aurès, Heddi est chaoui. Son père était un propriétaire terrien assez riche. Il meurt quand Heddi a 9 ans. Son frère aîné, beaucoup plus âgé, capte tout l'héritage comme c'est la tradition. Mais vend les terres et les biens de la famille. Il emmène sa mère, son frère Heddi et sa petite sœur à Lyon en 1949 et y dilapide rapidement toute sa fortune entre le jeu et les femmes.

Heddi est livré à lui-même. Sa mère ne travaille pas, elle passe tout à son aîné. Heddi est malheureux, puis révolté. Il s'émancipe très vite de sa famille.

Quand il a 20 ans, en 1959, il est appelé sous les drapeaux. Les tests des trois jours se révèlent excellents, Heddi est intelligent et cultivé, il sera meneur d'une équipe de Français musulmans en Algérie. Il est affecté à Tébessa, chef-lieu de la wilaya du même nom, proche de la frontière tunisienne. Très rapidement, l'armée repère ses talents d'orateur et lui propose d'animer la radio locale. Il est bon, doué, et réalise de nombreuses émissions. À Paris, la direction de l'ORTF rediffuse certains de ses reportages. Il est repéré.

Dès son retour du service militaire, Heddi devient journaliste politique et littéraire à l'ORTF. Il milite aussi au Front de libération nationale. En 1962, alors qu'il a le choix, il prend la nationalité algérienne et quitte la radio française.

Heddi demande la main de Sakina en 1963. Elle freine un peu par allergie à l'idée de mariage, les harcèlements de ses parents sur le sujet l'ont beaucoup marquée, elle veut s'émanciper. Mais ils vivent une vraie passion, elle est folle amoureuse de lui ; elle se décide quelque temps plus tard.

L'annonce à la famille est difficile, Heddi n'est pas du bled. Il est d'autant plus suspect qu'il n'est pas kabyle et ne parle pas la langue. Ce projet de mariage hors communauté devient un drame familial. Le père s'y oppose violemment. Sakina est encore mineure et elle n'a plus ses professeurs pour la défendre. Elle travaille à l'ambassade et trouve la parade. Elle demande au représentant de l'administration des habous, un joyeux luron qui buvait, de convaincre ses parents. Les habous désignent en droit musulman un type de législation relative à la propriété foncière. Représentant de l'autorité, juriste, il arrive facilement à prendre le dessus sur le père, qui se couche une fois encore. Il signe l'acte de mariage musulman dans la foulée d'une conversation musclée. C'est ainsi qu'Heddi et Sakina sont mariés dans la maison du père kabyle à Issy-les-Moulineaux en 1964, elle a 18 ans.

Elle n'est pas encore au bout de ses peines. On n'est jamais majeur dans la société kabyle, surtout si l'on est une femme. L'ouvrier d'Issy-les-Moulineaux prend très mal la décision d'Heddi de ne plus lui donner la paye de Sakina. Il fait tout pour la faire divorcer et l'empêcher de travailler, ses menaces sont terribles.

C'est à cette date que Sakina décide de couper tous les ponts avec sa famille. Elle n'aura plus aucun signe de vie de leur part pendant des années et ne cherchera pas à les revoir. Elle saura simplement qu'ils sont retournés à El-Maïn dès que son père a pu prendre sa retraite. Elle ne reverra que Malika, sa petite sœur battue qu'elle accueillera à Alger.

Heddi et Sakina travaillent à l'ambassade d'Algérie en France. Heddi y crée la version française du journal *L'Algérien* en Europe. Il est rappelé à Alger pour s'occuper de la radio et du journal fin 1964, il ne sait pas encore que l'année suivante sera celle du coup d'État. Sakina le suit et découvre le pays qu'elle avait quitté à 4 ans. Elle occupe un poste dactylo à la radio. Heddi travaille aussi pour le journal télévisé. Ils occupent d'abord un joli appartement d'Hydra, le quartier résidentiel d'Alger. Puis évoluent vers Alger Plage lorsqu'ils ont leur seconde fille...

Lors du coup d'État de 1965, Heddi refuse de soutenir le putsch à l'antenne, il est mis à l'écart. Son quotidien ne change pas fondamentalement tout de suite, le régime se met en place progressivement. Professionnellement, les collègues de la radio n'ont rien contre lui, mais la prise en main par les militaires l'empêche simplement d'exercer son métier de journaliste. Dans un premier temps, Heddi et Sakina ne se sentent pas menacés physiquement. Simplement ils digèrent mal l'idée de ne plus exercer leur métier à la radio. Ils trouvent même assez facilement des emplois moins exposés. Mais, progressivement, l'atmosphère se dégrade, la situation se tend, les ennemis de la révolution sont recherchés, les opposants sont arrêtés, certains disparaissent. L'étau se resserre sur ceux qui ne font pas acte d'allégeance. Le couple prend la décision de partir en France, sans un mot.

Heddi aura peur toute sa vie d'être retrouvé, il vivra sous les radars, le stress au ventre, le reste de ses jours...

À la surprise générale, le grand gagnant de la campagne présidentielle est... François Lenglet. L'époque est rationnelle. L'ex-journaliste d'*Enjeux Les Échos* et de *La Tribune* fait des merveilles dans l'émission « À vous de juger » sur France Télévisions. Il impose la rigueur aux candidats, qui ne peuvent plus manipuler les chiffres. Crise oblige, tous sont acculés. La politique devient triste, les candidats de gouvernement s'écharpent sur les bilans et la tenue des déficits. Tenir les 3 % de Maastricht devient le point clé des programmes. La seule idéologie devient la comptabilité publique, mais les principaux candidats ne disent rien sur l'efficacité de l'État, l'optimisation de son fonctionnement ou la qualité de service aux usagés. La différence entre leurs programmes est que les uns prévoient une hausse de la dépense publique de 0,5 % par an, quand les autres affichent 1 %, le tout payé par une croissance supérieure à 2 %... après 2013... Chacun compte sur une croissance irréaliste pour y arriver, mais le peuple est mis à l'écart. Aucun projet de société n'émerge. Le lien social est absent du débat. Aucun candidat ne propose de réelle transformation. Vivre ensemble n'est pas le sujet de l'époque.

Au jeu du bilan contre les promesses, le volontariste est mis K.O. Aucune réforme de fond n'est envisagée. La droitisation de la campagne en fin de course a poussé les exaspérations à l'extrême. C'est en marchant sur les plates-bandes de Marine Le Pen que Sarkozy a réussi une remontée de plusieurs points juste avant la ligne d'arrivée. Certains diront que si la campagne avait duré quinze jours de plus, il aurait pu gagner.

Pour nous, rien n'est gagné.

Notre projet de recapitalisation se transforme en montagne infranchissable. Sur l'ensemble des investisseurs approchés, seul Philippe Oddo nous dit son intention de suivre. C'est un premier pas qui nous encourage, mais, surtout, une référence de plus, à côté de nos propres parcours et des partenariats commerciaux signés avec Arkéa, Monext, Sab, Gemalto, MasterCard, etc. Des quatre fonds qui restent par ailleurs, un a jeté l'éponge après y avoir consacré beaucoup de temps. Il s'agit de la filiale de La Banque postale. Ses équipes sont très sensibles au segment de marché visé, elles connaissent très bien la vie des gens qui n'utilisent que le cash et celle des populations les plus précaires pour les avoir administrées à La Poste. Elles valident l'offre que nous avons construite. Le dossier est longuement instruit, mais lorsqu'il est défendu en interne, le verdict tombe net. La raison invoquée ? Pas de chiffre d'affaires ! Mais cela, ils le savaient depuis le départ.

Les trois autres fonds ont un point commun, ils sont tous dirigés par les entrepreneurs qui les ont créés. Pour chacun d'entre eux, les premiers investissements ont été réalisés avec l'argent propre des fondateurs, puis ils ont élargi leurs bases en levant des fonds publics ou privés et en ciblant des investissements de croissance.

Les locaux sont toujours dans le VIIIe arrondissement de Paris, les immeubles sont haussmanniens, avec hauteur de plafond et moulures, les bureaux vastes, emplis d'œuvres d'art et de meubles aussi design que luxueux. Les investisseurs s'habillent chez les couturiers, on se croirait au milieu des années 1980, dans le film *Wall Street*.

En sortant d'une réunion, nous allons fumer sur une terrasse avec Ryad et commandons deux pressions.

– Je n'ai pas les codes. Ils m'ont l'air très *awards* et paillettes.

– On s'en fout, c'est le fond qui compte.

– C'est le fond, mais il faut quand même être du même monde... Tu t'habilles comme eux, tu te tiens comme eux dans un fauteuil ou autour d'une table, tu engages les conversations par un commentaire sur les tableaux, le quartier, les livres, les capitales européennes, l'histoire... Tu utilises le même vocabulaire... Tu connais ce qu'ils bouffent, tu connais leurs craintes, tu connais leur ego...

– Tu ne devrais pas te fier aux apparences...

– Surtout moi, c'est ça ?

– Oui, c'est ça, ne juge pas sur des critères ethniques.

Nous cognons deux fois nos poings.

– Leur principal critère d'investissement, c'est toi, ta fougue, ton aspérité.

– J'aurais pas dû mettre de cravate alors !

Parmi les fonds d'entrepreneurs, le plus impliqué dans le management des jeunes pousses nous lâche le premier. Notre projet est trop avancé pour eux, ils auraient voulu entrer plus tôt, avoir une part plus significative du capital et s'inviter dans la gestion de l'entreprise. Or nous sommes en fin de projet et en phase de prélancement, toute l'organisation est déjà en place. Pour le second, la valorisation de notre projet est déjà trop élevée. Nous n'entrons dans aucune case. Nous faisons tous une tête de trois pieds de long.

Seul l'investisseur du boulevard Haussmann pousse plus loin le processus d'investissement. Je vois son fondateur avec Ryad pendant une heure. La réunion se tient à l'américaine. Pas de détours. Les questions sont directes, elles portent sur la compréhension du modèle. Pourquoi les clients viendraient ? Quels sont les concurrents ? Vous êtes propriétaires de la technologie ? Vous dépensez combien par mois ? Le régulateur vous a-t-il reçus ? Qu'a-t-il dit ? Vous pouvez me montrer les contrats avec vos principaux partenaires ? Quels sont les risques ?

Je passerai seul un grand oral de deux heures avec trois responsables avisés. Ils me demanderont aussi de voir Pierre et Michel en tête à tête.

Ryad revient d'un rendez-vous par la gare du Nord. À la sortie du train, il est le seul à se faire arrêter.

– Cela commence vraiment à me peser, cela m'arrive plus d'une fois par mois depuis des années. À chaque sortie de TGV, c'est systématiquement moi avec mon délit de sale gueule.

– Mets un costume et une chemise, rase-toi.

– Je suis comme je suis. Tu sais ce qui a changé depuis Hollande ?

– Non.

– Sous Sarko, le même policier faisait le contrôle d'identité et la fouille au corps.

– Et là ?

– Un Blanc contrôle tes papiers, mais après il demande à un jeune Black de te tâter sous les aisselles. Dans les yeux du Black, tu lis : « Désolé, je ne fais que mon boulot. »

– C'est la même chose, mais avec des formes...

– Oui, exactement, mais en réalité ça ne change rien. Tu sais ce qui est le plus dur ?

– C'est quoi ?

– Le regard des autres passagers. Tu es là, sur le quai, les bras en l'air pendant la fouille, et pendant ce temps la foule passe, elle te regarde... Et tu sens dans les regards ce qu'elle dit la foule. Elle dit : Ce gars-là, il n'est pas là pour rien... il a forcément fait un truc pas bien, c'est normal que ce soit tombé sur lui avec sa gueule... Et tu sais quoi, le pire, c'est que tu te sens vraiment fautif.

Après la fouille au corps, le policier a demandé à Ryad :

– Et dans votre sac à dos, là, vous avez quoi, des substances illicites ?

– Non.

– Des armes ?

– Non.

– De l'argent ?
– Non.
– Alors, il y a quoi là-dedans ?
– Un ordinateur et un roman de Maupassant...
– Ouvrez, on va vérifier !

Fin juillet, nous sommes au point mort pour la levée de fonds. Les investisseurs sont frileux. Nous n'avons pas l'agrément de l'Autorité de contrôle prudentiel, le dossier sera déposé en septembre et nous n'avons pas encore développé toutes les strates de l'informatique. Le coût est élevé, et, naturellement, nous n'avons aucun client et aucun revenu.

Nous avons un choix décisif à faire, celui de brûler nos dernières cartouches. Chacun des fondateurs a mis l'épargne qu'il pouvait et se retrouve les poches vides. Le projet est complètement ficelé dans sa conception, mais aussi dans l'ensemble de ses partenariats. Le dossier pour l'agrément par le régulateur est prêt, il décrit l'ensemble des opérations dans les moindres détails. Malgré cela, personne ne souhaite prendre le risque de nous accompagner. Nous devons donc avancer et commencer l'ensemble des développements sans argent frais. Tout ce que nous avons investi dans le capital de la société y passera d'ici à la fin novembre. Nous choisissons d'y aller. Il nous reste quatre mois pour trouver 6 millions...

La lettre d'intention ferme de Philippe Oddo arrive le 31 juillet, le projet le passionne. Il s'engage à titre personnel. Nous franchissons une étape. Nous avons avec nous le premier investisseur, lui-même gérant d'une institution financière agréée par l'Autorité de contrôle prudentiel.

Je décide de prendre quelques jours dans les Alpes. Je marche en Vanoise en famille. Je passe de refuge en refuge, loin des salons feutrés du VIIIe arrondissement. Je me saoule d'air pur et me vide la tête avant d'affronter le marathon financier de la rentrée. Au bout de quelques jours, le monde peut s'effondrer, je suis ailleurs.

Christian, un ami, m'invite à passer une journée à Talloires, au bord du lac d'Annecy. Gilles et Florence nous rejoignent en bateau pour un verre à l'Auberge du Père Bise. Ils sont accompagnés d'un inconnu, Philippe Dian. Nous engageons la conversation sur la région, les balades – Christian fait beaucoup de vélo –, le lac – Gilles et Florence ont retapé une maison en face, ils nous détaillent les travaux –, les Alpes, Philippe et un grand skieur hors piste. Les bouteilles de blanc et les olives vertes défilent. Il fait beau, nous sommes bien, nous dérivons sur la vie de couple et Philippe développe une grande tirade sur les rencontres sur Internet et leur utilité pour la société. Je le trouve très alerte sur le sujet, et lui demande :

– Tu fréquentes beaucoup les sites de rencontres ?

– Non, mais je suis l'un des premiers investisseurs de Meetic.

Le romancier Olivier Adam publie *Les Lisières*. J'avais lu *Falaises*. Je l'achète. Son analyse est aussi cinglante que contemporaine. Son thème est le divorce en zone grise. Divorce entre Paris et la province. Divorce culturel entre la vie de banlieue – j'imagine quelque part proche d'Alfortville – et celle du boulevard Saint-Germain. Divorce entre une femme et un homme. Divorce entre un père et son fils. Divorce entre le peuple et les élites. Divorce intérieur de l'écrivain. Quarante ans d'histoire de France défilent entre mes doigts, quarante ans d'intégrations ratées et de dislocation sociale...

Dehors, le mouvement Geonpi fait des vagues, sur le thème de la fiscalité qui dissuade les entrepreneurs et les investisseurs. Nous ne sommes pas aidés par ce climat. Nous rencontrons les *familly offices* des plus grandes fortunes de France, entre l'avenue Montaigne et Neuilly. Nous sommes reçus par de nombreux fonds d'investissements et une multitude d'entrepreneurs de la nouvelle économie. Quelques héritiers de grands groupes, tous très cordiaux, certains assez professionnels, nous écoutent. Beaucoup ont la tête ailleurs, vers Bruxelles ou Londres. L'un d'entre eux nous raconte qu'un conseil de famille s'est tenu le week-end dernier, ils ont tous décidé de franchir la Manche et de ne plus investir un kopeck en France.

Chaque rendez-vous prend un temps fou, nous les enchaînons par dizaines chaque semaine... Les mails de refus pleuvent.

Le gros investisseur du boulevard Haussmann continue ses investigations. Ses équipes se renseignent sur chacun de nous, épluchent le dossier remis eu régulateur, vérifient tous les points, relisent les contrats. Après Ryad et moi, Michel et Pierre passent chacun leur grand oral. Après un mail de leur part, je préviens Ryad que la réponse n'arrivera pas avant quinze jours.

Il s'agace.

– On a besoin d'une réponse claire. Now, later, never. Ils nous ont regardés sous toutes les coutures ; ils devraient pouvoir nous le dire ou nous l'écrire sans jouer les danseuses. Appelle-les et tire ça au clair maintenant, on a perdu assez de temps.

– Non, Ryad. À chacun son processus d'investissement, ses comités, ses structures, ses vérifications, je ne les rappelle pas, je ne laisse transparaître aucun stress...

Ryad contacte tous les entrepreneurs avec qui il a travaillé depuis qu'il a créé son entreprise d'informatique. Deux d'entre eux suivent pour 350 000 euros. Le premier est celui qui lui faisait fabriquer des prototypes alors que Ryad étudiait à Rennes. C'est aussi lui qui assemblera et vérifiera nos MPad. Le second est l'entrepreneur Lyonnais qui avait racheté la société de mesures radioactives de Jean, le beau-père de Ryad décédé l'an dernier.

Pierre, de son côté, relance tous les associés de ses anciennes agences de marketing, il récolte plusieurs chèques de 50 000 euros.

Nous sommes encore loin de ce que le régulateur nous demande. Nous brûlons en parallèle nos dernières cartouches dans les développements informatiques du *core banking system* et les raccordements avec Arkéa, Monext et MasterCard. Les cent premiers MPad arrivent déjà de Chine en pièces détachées. Ils seront assemblés et testés près de Chartres, ce qui nous permettra de les estampiller « made in France ». Le MPad change aussi de nom et devient la Borne Nickel ; elle sera installée sur le zinc des buralistes.

Nous gérons le carburant au centime près.

Échange de mails avec Ryad :

Hugues, Faut qu'on continue d'obtenir du courrier d'intention des fonds. Ça nous permettra de rassurer l'ACP et de définir la date du collège sans nous foutre la pression. Faut leur montrer du cash sonnant et trébuchant.

T'inquiète, ça avance.

Je suis très sage, j'ai juste le portable autour de cou :)

Je revois Philippe Dian, ancien avocat d'affaires reconnu, collectionneur d'art actif, investisseur dans de nombreuses sociétés, que j'avais rencontré par hasard à Talloires. Il accepte de regarder le dossier.

Le soir, nous fêtons les 50 ans de Bruno, un ami entrepreneur. J'avais investi dans sa start-up innovante un an auparavant et il avait alors organisé un dîner avec ses nouveaux actionnaires. Ce soir-là, j'étais placé en face de Pierre Le Tanneur, un entrepreneur de l'industrie des produits d'entretien ménagers. L'Eau écarlate, entre autres, c'est lui. Je lui avais raconté ma rencontre avec Ryad et le projet NoBank. Il avait gardé notre conversation en mémoire. Lors de l'anniversaire de Bruno, Pierre se jette sur moi :

– Tu en es où de ton projet de banque ?

– Je termine une levée de fonds avant le lancement.

– Tu as encore de la place ?

– Oui, naturellement.

– Passe-moi un dossier demain matin.

Je n'avais pas pensé à lui. En deux jours, il s'engage à nos côtés. Philippe Dian nous annonce aussi qu'il investit une somme importante.

– Votre projet est dans l'air du temps, comme Meetic l'était. Les gens ont besoin de partenaires simples et accessibles…

La levée de fonds commence à se dessiner, mais il nous manque encore beaucoup d'argent pour atteindre le niveau demandé par le régulateur. Nous négocions avec lui. Après plusieurs allers et retours, il nous demande de garantir 3 millions pour étudier et présenter le dossier au collège. Si notre établissement est agréé, ce sera avec la condition suspensive de nous recapitaliser de 3 millions supplémentaires.

Il nous manque encore 500 000 euros pour atteindre ce premier chiffre…

L'investisseur du boulevard Haussmann nous confirme son intention d'investir, mais ne peut s'engager fermement. Ils bouclent une grosse opération qui absorbe tous leurs fonds. Ils seront moins courts au printemps. Ils rédigent une lettre d'intérêt que nous produisons à l'Autorité de contrôle prudentiel, mais elle est trop hypothétique pour être recevable.

Ryad décide d'en reparler à Philippe Oddo.

Dix jours plus tard, Philippe reçoit Ryad à dîner à Neuilly. Il est seul chez lui pendant les vacances de la Toussaint. À la fin d'un repas bien arrosé, vers minuit, il raccompagne Ryad jusqu'à l'entrée, ils papotent un peu sur le trottoir, la porte claque... son téléphone et ses clés sont à l'intérieur, il est en chemise dans la rue, sans rien. Il emprunte le portable de Ryad pour appeler la femme de ménage. Pas de réponse. Philippe est catastrophé, il compose le numéro des renseignements téléphoniques pour trouver un serrurier.

Ryad rigole.

– Tu ne vas pas payer 200 euros à minuit pour un serrurier quand même ?

– Tu as une autre solution peut-être, lui demande Philippe ?

– Oui, répond Ryad, qui prend une carte dans son portefeuille et débloque en trente secondes la gâche.

À l'issue du dîner, Philippe doublera sa mise.

Le 12.12.12, l'ensemble des actionnaires se réunit pour l'assemblée générale extraordinaire chez Sébastien, notre avocat. Les papiers de l'augmentation de capital sont signés, les fonds sont réunis. Alors que chacun fête l'événement une coupe à la main, je m'écarte un instant avec Michel et lui demande :

– Il nous restait combien sur le compte de l'entreprise ?

– Si j'avais payé tous nos fournisseurs dans les délais, nous serions à découvert de 400 000 euros...

À quinze jours près, le compte Nickel tombait dans les oubliettes des entreprises mort-nées... et restait à tout jamais une NoBank conceptuelle.

Sombre année 2013. Le Bassin méditerranéen est malade. La Grèce s'enfonce dans la crise. L'Italie vote pour un clown. La Syrie compte plus de 70 000 morts depuis le début de la révolution. L'Égypte et la Tunisie se rebellent contre les nouveaux régimes. Dans le sud-est de l'Algérie, 41 employés sont pris en otage par les hommes de Belmokhtar sur le site gazier de Tiguentourine, l'armée donne l'assaut. Le bilan est sanglant : 23 otages et 22 islamistes sont tués. Sur le plan intérieur, l'ambiance est dépressive. La France entre dans la sixième année d'une crise inédite. L'industrie est à la ramasse. Le climat social devient menaçant. Tous les repères volent en éclats. Le produit intérieur brut marque le pas, la croissance de l'année écoulée est nulle, celle du dernier trimestre est négative. Tous les programmes présentés lors de la campagne présidentielle sont de fait caducs. La cote de popularité du nouveau président de la République tombe à 30 %, moins de un an après son élection.

Dans ce climat récessif, le régulateur nous demande de trouver 3 millions de plus pour nous autoriser à lancer notre activité. Nous avons ratissé tout le territoire pendant six mois pour boucler la dernière augmentation de capital. Nous n'avons fait que la moitié du chemin en décembre. Sur la nouvelle somme demandée, nos nouveaux actionnaires s'étaient déjà engagés pour un tiers, avec la condition suspensive d'obtenir l'agrément avant la fin avril. Rien sinon. Restent 2 millions. Qui va nous suivre dans un tel contexte ?

Tous les fonds d'investissement approchés se débinent. Leur discours est simple : « Obtenez l'agrément et recontactez-nous. » L'Autorité de contrôle prudentiel nous dit de son côté : « Trouvez le capital et on vous inscrit au collège du mois prochain. » Le serpent se mord la queue. La date prévue pour le collège glisse de février à mars, puis de mars à avril. Nous n'avons pas le capital minimum requis. Et pendant ce temps chaque mois passé vide un peu plus nos caisses. Nous continuons de payer les développements, les consultants, les premiers collaborateurs. L'équipe compte maintenant 20 personnes.

La Banque de France audite l'informatique et sa sécurité dans les moindres détails.

Nous négocions avec une société spécialisée dans le conseil en investissement dans les jeunes entreprises. Ils s'engagent à proposer notre projet à leurs clients, uniquement des investisseurs privés. Ils sélectionnent quatre dossiers par an après en avoir étudié plus de cent. Nous aurons vingt minutes début avril pour convaincre 150 investisseurs individuels réunis au George V, proche des Champs-Élysées... À nous de faire bonne impression. Ils s'engagent sur un minimum de 500 000 euros.

Certains collaborateurs acceptent de participer à la prochaine augmentation de capital, pour un montant proche du vingtième de ce que nous cherchons, c'est déjà ça. Des particuliers, de plus en plus nombreux, suivent aussi et investissent chacun plusieurs dizaines de milliers d'euros. Le travail de terrain porte ses fruits, certains viennent maintenant spontanément. Le projet commence à être connu. Mais cela reste insuffisant. La somme à réunir est énorme.

Le régulateur nous dit que le contrat que nous avons avec la société de conseil ne peut être pris en considération. Il s'agit d'un contrat de service, mais cela ne garantit pas l'investissement des personnes physiques en juin. Ils ne peuvent prendre en compte cette promesse dans leurs calculs de fonds propres.

Nous n'avons plus le choix, le tuyau est encore à moitié vide. Nous raclons les fonds de tiroirs de chacun d'entre nous et nous nous mettons en risque total, la plupart d'entre nous mettent tout ce qu'ils possèdent. Plus aucun filet. Nous décidons aussi de nous adresser à nos proches, famille, amis, mais cela ne donne presque rien. Si nous réclamons, c'est que nous sommes en situation d'échec. Les regards se détournent. Les actionnaires du premier tour à nouveau, puis tout notre carnet d'adresses. Cela ne donne rien.

Mercredi 6 mars. Pour la première fois, je vois l'inébranlable Ryad perdre confiance. Il fume cigarette sur cigarette pendant nos réunions, auxquelles il assiste désormais debout au bord de la fenêtre ouverte. Il nous prend à part, Michel, Pierre et moi, les trois autres associés fondateurs opérationnels dans cette entreprise.

– Je propose que nous gelions nos revenus. Si nous n'avons pas assez de cash, nos actionnaires de décembre ne pourront pas nous reprocher d'avoir gaspillé leur argent.

Jusque-là, depuis près de deux ans, Pierre et moi n'avions été que très peu indemnisés de notre temps. Rien la première année. Un SMIC et demi ensuite. Nous vivions sur nos autres activités, mais progressivement le projet Nickel a représenté la moitié, puis 80 % de notre temps. Seule la passion nous guidait. Après la dernière augmentation de capital et en vue du lancement, les investisseurs avaient demandé à ce que nous soyons à 100 %. Après avoir lâché nos dernières économies dans l'affaire, il faut abandonner nos revenus. La situation devient vraiment difficile.

Michel renchérit :

– C'est pire que ça, si nous voulons passer au collège d'avril, nous devons fournir au régulateur des lettres fermes d'intention pour 3 millions d'euros... avant le 18 mars.

Ryad me demande :

– Et nous en sommes à combien ?

Je regarde mon tableur et additionne toutes les offres.

– Avec les actionnaires de décembre qui remettent au pot, 1,4 million. J'ajoute les personnes physiques contactées, les collaborateurs, nos propres fonds de poches, cela rajoute 500 000. Il manque 1,1 million.

– Il faut que tu nous les trouves d'ici à quinze jours. Sinon, on dérive sur le collège de mai.

– On ne peut pas dériver sur mai. Toutes les lettres d'intention que nous avons sont liées à l'obtention de l'agrément au plus tard fin avril, sinon elles sont caduques. Si nous ratons avril, nous serons incapables de passer en mai. D'abord, nous serons plus pauvres, puisque nous aurons payé l'ensemble les frais de fonctionnement pendant deux mois de plus. Ensuite, nous n'aurons plus aucun investisseur. Il faudra repartir de zéro. Ce sera plus dur encore, beaucoup plus long...

– Voire impossible.

– Je vous rappelle que nous leur avons dit que l'agrément était une formalité, ajoute Pierre qui a impliqué, comme moi, beaucoup de ses relations.

Une formalité oui, parce que tous les audits et ajouts de la Banque de France sont déjà réalisés – ils n'ont plus de questions en suspens – mais une formalité que si nous avons les fonds.

Nous tournons en rond, nous nous stressons les uns les autres et envisageons pour la première fois le pire. La fin du projet. Si nous n'avons pas la confirmation de notre passage au collège dans douze jours, le compte Nickel est mort.

Nous décidons de ne plus nous payer jusqu'à l'agrément ou la fermeture de l'entreprise. Nos honoraires de janvier et février, qui n'ont pas encore été payés, sont aussi gelés. Nous continuerons de payer tous les autres salaires, soit 16 personnes déjà.

Notre prestataire informatique perd confiance. La date de notre agrément par l'ACP est une arlésienne, il ne nous croit plus. Lorsque nous avions contracté avec lui, nous pensions ouvrir nos sites bancaires six mois plus tard. Chaque mois depuis l'automne

2012 nous disons à ses équipes que l'autorisation d'exercer est dans le tuyau, que c'est une question de semaines. Cela fait huit mois qu'il ne voit rien venir. Certaines de ses factures sont payées avec retard... Il craint pour notre solvabilité et réalloue ses effectifs ailleurs. Nous risquons de ne plus être prêts de ce côté-là non plus.

Je passe plusieurs jours à appeler, à rencontrer tous les contacts qui me passent par la tête et multiplie les cafés. Je redécouvre Le Murat que j'avais abandonné depuis des mois. Et me retrouve dans la même situation que deux ans auparavant, sans clients ni revenus. Mauvais souvenir. Mauvais augure.

Je vois, à La Grande Armée, Yann, qui était directeur marketing d'une banque Internet lancée en 2000, Nabab, dont j'étais alors administrateur. Il connaît la musique, cela peut l'intéresser. Yann dirige aujourd'hui la filiale d'une société américaine de marketing. Il termine son premier petit déjeuner avec David Amsellem, que j'avais rencontré quelques années auparavant. Il était venu me présenter sa société de services de conciergerie. Il avait comme clients tous les grands sportifs, les footballeurs notamment.

David me demande de mes nouvelles. Je lui raconte le compte Nickel avec passion. Il me demande un dossier. Je lui dis, l'air détaché, qu'il reste un peu de place... mais qu'il doit me répondre rapidement. Ne jamais paraître acculé. Il me promet un retour pour le dimanche suivant au plus tard. Il investit toujours avec un de ses proches, Grégoire Lassalle, le patron d'Allociné.

En parallèle, nous poursuivons notre campagne de sensibilisation avec Robert. Il ne faut rien lâcher.

Nous voyons l'ancien secrétaire général de la CFDT et nouveau président du laboratoire d'idées Terra Nova, chargé par le gouvernement de suivre le Plan pluriannuel contre la pauvreté dans le cadre de ses fonctions à l'Inspection générale des affaires sociales. Il nous conseille de voir cinq autres personnes, à Bercy, à Matignon, au Secours catholique, à la Commission des finances de l'Assemblée nationale et au ministère des Affaires sociales et de la Santé. Nous prenons les rendez-vous.

En sortant de la réunion, je m'ouvre à Robert de nos difficultés de financement. Il fait une petite grimace, réfléchit vite, puis me dit : j'ai un client dans les accessoires de mode qui vient de réaliser une belle opération, il semble assez liquide en ce moment. Je vais l'appeler.

Je suis reçu par le conseiller Financement et Fiscalité du ministre délégué chargé de l'Économie sociale et solidaire et de la Consommation. Ryad n'a pas voulu venir, sa tête est ailleurs et il n'est jamais à l'aise dans ce type de rendez-vous. Le sujet est très intéressant, me dit le conseiller, à plusieurs égards, la lutte contre le surendettement, l'accès aux services bancaires, mais aussi les nouveaux modèles économiques de financement. Puis il ajoute : le Trésor public ne raisonne qu'avec un seul critère, la solidité du système financier français, même si cela se fait aux dépens des consommateurs. Si votre projet sort et que vous gagnez beaucoup de clients, vous risquez de déstabiliser les banques par l'effet prix. Cela pourrait affaiblir le système et tout le financement de l'économie. Pour cette raison, je ne suis pas sûr que Bercy soutiendra votre projet au collège de l'ACP...

Cela ne règle pas mon problème, bien au contraire, et il me reste moins d'une semaine pour trouver les fonds. Cette connivence entre les banques et le Trésor public ne me surprend pas, les énarques de cette direction de Bercy passés par l'Inspection générale des finances ou la Cour des comptes poursuivent en grand nombre leur carrière dans les banques privées, BNP Paribas en tête, Société générale ensuite, aux dépens de la méritocratie interne. Ils y sont rémunérés dix fois plus... par les mêmes consommateurs, dont la rentabilité pérennise le système. Cette information décuple ma motivation.

La nouvelle arrive mi-mars, le holding familial du groupe Gérard Darel que Robert nous avait présenté nous suit pour une somme importante. Deux membres de la famille investissent aussi à titre personnel. Une semaine plus tard, David, le président de John Paul et Grégoire, celui d'Allociné, nous confirment aussi leur engagement. Nous ne sommes plus qu'à quelques encablures du montant requis par le régulateur. Une institution financière qui a fait un audit complet de notre projet à l'aide d'un grand cabinet de stratégie nous promet une lettre d'intention pour les jours qui viennent, mais ses conseils demandent un document complémentaire. L'avocat qui possède ce document est en vacances, il est injoignable. Il revient après la date fatidique fixée par le régulateur. Ils refusent de signer leur lettre sans ce petit document. La différence de comportement avec nos investisseurs entrepreneurs est inouïe. Pierre, Ryad et moi décidons de combler le solde en vidant nos derniers bas de laine. Pour y arriver, je décide de mettre à contribution la trésorerie d'Achèle, ma société de conseil. Je me mets en risque total, mon épargne et les réserves de mon entreprise. Nous sommes enfin en mesure d'envoyer le nombre suffisant de lettres d'intention rue Taitbout, au siège de l'Autorité de contrôle prudentiel le jour J. Notre dossier peut enfin être étudié au collège. Nous passerons le 15 avril.

Je regarde la liste de nos 50 investisseurs. Aucun fonds d'investissement institutionnel. Aucune banque. Aucune structure publique. Aucun *familly office*. Aucun grand groupe. Aucune entreprise. La liste est sous mes yeux, je la descends.

Le plus grand nombre est constitué de nos relations personnelles. Nous réalisons le tour de force de réunir des Arabes, des juifs, des chrétiens, des athées, des Blacks, des Blancs, des beurs, des Indiens, des jeunes, des vieux, des petits épargnants et des entrepreneurs fortunés, tous motivés par un seul objectif, voir le compte Nickel exister. Le plus gros contributeur a investi cent fois plus que le plus petit, nous avons accepté tout le monde sans faire aucune différence. Je dis relations personnelles, mais c'est inexact, hormis les collaborateurs, ce ne sont pas les plus proches. Les frères et sœurs, les cousins et les meilleurs amis ne peuvent pas toujours, question de moyens. L'autre raison de leurs hésitations est psychologique : ils nous connaissent trop pour se faire des illusions, nul n'est prophète en son pays. Pour investir dans un projet aussi risqué, une part d'idéalisme est nécessaire, un effet de loupe. Une part de rêve. On fait rarement rêver ceux qui nous voient chaque jour avec nos défauts. Et s'ils vous accordent un petit crédit, ils ne veulent pas risquer de se brouiller par la suite. Une start-up, c'est toujours hasardeux.

Non, ceux qui viennent sont ceux avec qui nous avons eu, Pierre, Ryad, Michel ou moi, des relations professionnelles dans le passé ou ceux qui nous connaissent essentiellement par nos parcours, dont ils pèsent et soupèsent plusieurs fois la densité. Les noms correspondent plus à une notion floue de deuxième cercle. Ceux qui sont venus directement sont exclusivement des anciens collègues de bureau ou des partenaires professionnels. La bande des anciens associés de Pierre dans le marketing est ainsi venue les yeux fermés. Deux entrepreneurs qui avaient croisé Ryad dans les affaires aussi. Viennent ensuite les dirigeants avec qui je travaillais en conseil, Philippe Oddo en premier lieu, dont le nom permettra de jouer une réassurance essentielle auprès de ceux qui hésitaient. Ces deux catégories représentent la moitié de nos investisseurs.

L'autre moitié, c'est impressionnant, est le fruit du hasard, ou plutôt de rencontres fortuites. Un verre organisé au dernier moment, fin août, au bord du lac d'Annecy. Les 50 ans d'un ami, un soir d'octobre à Paris. Un petit déjeuner de janvier, qui avait pris du retard dans un restaurant proche de l'Étoile. Une discussion de trottoir à la sortie d'une réunion ministérielle. Une question anodine à l'issue d'une réunion de travail. Un lecteur de mon dernier livre.

Chacun avait un lien direct ou indirect avec l'un de nous. Leur point commun ? Ils sont propriétaires de leurs entreprises. Ils sont entrepreneurs eux-mêmes. Ils croient au projet, en aiment la portée sociale et entrepreneuriale. Ils valident l'engagement, la motivation, la complémentarité et la cohésion de l'équipe dirigeante. Et ils se rassurent avec les premiers actionnaires pressentis du tour de table, qui en constituent la caution.

Le fonds national d'amorçage de la Caisse des dépôts gère 600 millions. Le Trésor public verse une aide de 250 millions par an à La Banque postale pour l'accessibilité bancaire, la nouvelle Banque publique d'investissement est dotée de plus de 40 milliards. Les actifs gérés des banques, des assurances et fonds d'investissement se comptent en trilliards. Pas un n'a le processus idoine pour accompagner une start-up innovante dont l'objet est de redonner un statut à plus de 6 millions d'exclus. Pas un ne s'est dit je vais allouer 0,0001 % de mes actifs aux jeunes pousses sans chiffre d'affaires. Quand je consolide les centaines de millions dépensés en consulting par chaque grande entreprise pour se transformer, pour se *benchmarker*, pour essayer d'avoir des idées, et que j'en contemple les effets, je suis effaré. Le classicisme des consultants est maladif. Et le projet Nickel, une révolution technologique et opérationnelle, un modèle d'entreprise vertueux, à la fois entrepreneurial, rentable et utile socialement ne trouve pas un écho parmi toutes ces institutions. Les seuls qui auront eu le pouvoir d'investir seront des entrepreneurs. Des dirigeants de leurs propres sociétés. Des machines à décider.

En attendant, nous continuons le marathon. Le Four Seasons Hotel George V Paris ne ressemble pas du tout à l'Appart'City d'Alfortville, qui propose des appartements meublés entièrement équipés. Construit en 1928, il est l'un des hôtels les plus luxueux du monde, selon le Condé Nast Traveler. Je suis venu avec Ryad, Michel et Pierre présenter le projet Nickel devant 150 investisseurs individuels. Nous avons vingt minutes pour convaincre. Leur investissement potentiel ne pourra intervenir avant la date du collège, mais chaque euro compte et nous aurons besoin d'eux pour augmenter notre financement. Si nous sommes convaincants, leurs fonds seront apportés en juin.

J'introduis le concept en une minute devant cette audience fortunée, puis je présente Ryad,

Michel et Pierre. Ryad développe les innovations technologiques, le processus simplifié d'ouverture de compte, il fait un tabac. Pierre présente en cinq minutes la stratégie marketing et les objectifs commerciaux. Je vois des sourires sur toutes les lèvres. Michel aborde le compte de résultat et les objectifs financiers. Les gens prennent des notes. Je conclus sur les inconnues du triple effet produit par cette nouvelle offre : premier compte ouvert en cinq minutes, première possibilité de le faire hors d'une banque, premier informatique en temps réel permettant le texto banking permanent. Je précise que le business plan, comme tous ceux que j'ai vus dans ma vie, est faux. Tous les chiffres sur l'avenir sont hypothétiques, la réalité sera différente, dans un sens ou dans l'autre. J'informe les participants qu'ils peuvent perdre toute leur mise. Nous sommes inondés de questions. La salle nous garde quarante-cinq minutes.

À l'issue de ce show, nous récoltons plus de 2 millions d'euros d'intentions nouvelles.

Le lundi 15 avril 2013, le collège de l'ACP se réunira. Nous n'en connaîtrons le résultat officiel qu'une semaine plus tard par courrier.

Depuis que nous connaissons cette date avec certitude, nous sommes plus détendus. Nous avons épuisé toutes les questions du régulateur depuis presque deux ans, nous avons réuni les fonds, toutes les cases sont cochées, le sort n'est plus dans nos mains.

Je demande à Ryad :

– Tu savais que tu allais te lancer dans un projet aussi fastidieux ?

– Non, absolument pas...

– Tu imaginais quoi ?

– Fabriquer mes bornes Nickel et les placer chez les buralistes, dans le prolongement du transfert d'argent, cela aurait suffi à mon bonheur...

– Oui, mais là tu proposais plus qu'une simple machine ; un compte, c'est l'argent des clients, à vie...

– Je n'en avais pas conscience. Pour moi la question du compte ne se posait pas, c'était un simple accord avec une banque.

– Tu te sens comment maintenant ?

– Je ne sens plus que le poids de ma responsabilité, je n'ai pas le choix, il faut assurer, on va aider les gens. On n'a pas le droit de les planter.

– Tu te rappelles de la charte des Nobankers ?

– Oui, se marrer. C'est fait, mais le mot n'a plus le même sens, il est devenu très exigeant. Aider, on va tout faire pour. Changer, c'est dans le tuyau...

– Et se barrer ?

– Je ne sais plus... Ça prend aux tripes ce truc...

Je ne sais pas pourquoi, je repense à ce moment précis à tout le parcours des Boulanouar. J'ai la gorge serrée en pensant à la vie d'Heddi. Pour avoir refusé la censure, il a sacrifié sa carrière, ravalé son idéal d'indépendance et accepté de retourner en France, le pays colonisateur qu'il avait choisi de quitter. Passager clandestin, il n'a pas voulu faire de vagues. Peut-être avait-il peur de la répression algérienne ? Peut-être avait-il honte ? Un jour où il se promenait dans Alfortville avec Ryad enfant, un Arabe qui venait de le croiser se retourne et lui demande : « On se connaît ? Votre tête me dit quelque chose. » Heddi sait qu'il ne le connaît pas. Cet homme l'avait peut-être vu à la télévision jadis. Il prend un regard fuyant et dit : « L'école peut-être ? Le voisinage ? » Puis il se retourne et accélère le pas, tirant son fils par le bras. La peur d'être reconnu ?

Après avoir été un jeune journaliste, il a mené une vie d'abnégations et n'a jamais chercher à retrouver un travail visible. Il s'est caché à Alfortville, là où très peu d'Algériens s'étaient établis. Il continuait pourtant d'écrire quelques nouvelles et poèmes, mais il les a gardés pour Sakina et lui. Il a très mal vécu cette déchéance sociale, cumulant dépression, tuberculose et cancer, mais il n'a jamais baissé les bras de l'exigence. Par son choix, il a sauvé l'essentiel, l'éducation de sa famille et ses valeurs.

Ne jamais baisser les bras, ce sont les premiers mots qui sont venus à l'esprit de Sakina lorsque je lui ai demandé quelles étaient les valeurs de sa famille. Aujourd'hui, son fils Ryad est un homme. Un homme au sens de Kipling.

J'ai dit à Laurent deux ans plus tôt : « D'abord, je vais lancer NoBank. Je me consacrerai à l'écriture quand ce sera fait. » C'est fait. L'avenir nous dira la suite, ce n'est pas l'objet de ce livre. J'ai voulu inscrire cet ouvrage dans le prolongement de mon dernier récit. Je ne pouvais pas passer à autre chose sans clore le dernier épisode. Je voulais le raconter dans les détails. Mes intensions avaient été déformées. J'avais un goût d'inachevé dans la bouche. Je voulais dire ce que je pensais de cette affaire désastreuse et montrer que la recherche de la vérité n'intéressait ni la justice, ni le régulateur, ni le législateur. Ni finalement la banque, j'ai payé pour le voir.

J'ai été mis à l'index par une minorité parce que j'ai voulu comprendre et faire réfléchir. J'espère qu'un jour le niveau de transparence des entreprises rejoindra celui de la sphère publique. La gouvernance y est encore embryonnaire, les actionnaires et salariés sont très mal représentés, beaucoup de décisions restent arbitraires et opaques. Je suis fier d'être le premier dirigeant d'entreprise à avoir écrit un livre intime. Je l'ai fait après avoir passé dix années au comité exécutif d'une banque de premier plan. En pleine conscience. Les collaborateurs m'ont remercié par centaines.

En revanche, j'ai sous-estimé ma capacité de rebond. Cela m'a coûté cher. Plus cher que je ne l'imaginais. Je n'avais pas envie de reprendre la plume avant d'avoir pleinement digéré cette phase.

Et puis, comme espéré, je suis tombé sur l'inattendu.

Ryad sortait de nulle part, et c'est exactement là que je me rendais. Il m'a demandé de l'accompagner dans son projet, il m'a dit qu'il avait besoin de moi, mais en réalité c'est moi qui avais besoin de lui. Il m'a aidé à relever les bras. J'ai petit à petit repris confiance en moi. Je n'ai pu me remettre à écrire que fin 2012. C'est à ce moment que j'ai vraiment retrouvé l'essentiel. La liberté. Elle existe toujours, disait Montherlant, il suffit d'en payer le prix. Il m'aura fallu attendre que ma tête devienne plus légère.

À 30 ans, lorsque j'ai créé ma première entreprise, la traversée du désert avait duré dix-huit mois. À l'approche de la cinquantaine, cela m'a pris deux ans alors que ma courbe d'expérience était beaucoup plus vaste. Cela aurait dû être l'inverse. La réalité est simple : écrire est dérangeant.

Je m'appelle Hugues. Je crée des entreprises et j'écris des livres après que mon ancien employeur a refusé la publication de mon ouvrage sur les liaisons dangereuses entre la banque et les activités de marché. Je n'ai pas accepté la censure. J'ai démissionné. Aujourd'hui, je suis un homme libre. Me voici de l'autre côté du clivage.

Un jour, je marchais dans Alfortville après un déjeuner rapide au Kebab.

Ryad s'arrête pour allumer une cigarette, au coin de la petite rue qui mène à la maison de son enfance, il aspire la première dose de nicotine et me dit de sa voix rauque :

– Au fait, je ne t'ai pas demandé...

La fumée sort de sa bouche.

– Ton père à toi, il faisait quoi ?

La question me touche. Je me retrouve quarante ans en arrière, en culotte courte à la campagne.

Mon père est ingénieur agronome et architecte-paysagiste. Il cultive des fleurs coupées dans les serres qu'il a construites en Seine-et-Marne.

– Il vendait des fleurs, très tôt le matin lui aussi, aux halles de Rungis...

– Arrête tes conneries.

– J'adorais y aller avec lui le samedi, dans son Estafette gris clair...

L’odeur mélangée de fleurs coupées et de terreau humide, l’atmosphère tropicale des serres de Chailly-en-Bière m’envahissent les narines.

TABLE

La maquette a été réalisée par Daniel Collet (In Folio).
La révision a été assurée par Marie Sanson.

Achevé d'imprimer en France
par Hérissey à Évreux (Eure)
en septembre 2013.

ISBN : 978-2-35204-280-8

N° d'impression : 121159

Dépôt légal : octobre 2013